U0530011

写给青少年的

中国上古史

刘滴川 著

神话时代与
中华文明起源

下

浙江人民出版社

目 录

下

第五章
大禹和他的部落方国联盟

1. 涂山会盟   003
2. 天下朝贡   013
3. 国家大型基建工程：道九山和道九川   048
4. 权力质量认证：夏后氏的分封制   071
5. 明刑弼教：中国法治思想的开端   086
6. 大禹的人生绝唱：会稽会盟   110

第六章

夏开国：走进三代

1. 夏传子，家天下   129
2. 甘之战与中国首部战争法   148
3. 钧台之享：会盟天下诸侯   175
4. 夺嫡之争：武观之乱与西河之战   187
5. 爱折腾的太康：
   营建斟鄩与华夏文明的地缘政治   202

第五章

大禹和他的部落方国联盟

1. 涂山会盟

本章我们将进入中国上古史的最后一个历史时期,即三代(夏、商和周,合称"三代")的第一代——夏。

大家都知道,禹取代舜成为新的天下共主,由此建立夏朝,但是究竟哪一个历史事件可以标志着夏朝的建立呢?夏朝凭什么成为三代之首?它究竟开创了怎样的政治制度,让商、周一以贯之,使这段历史合称"三代"?接下来,我们就通过夏后氏立国的第一个历史事件来初窥这个由夏朝奠定的、被称为"三代"的崭新的历史时代。这个历史事件就是涂山会盟。

在正式介绍涂山会盟之前,要先单独谈一谈会盟。"会盟"这个词是上古史中的高频词,也是关键词。只要这个词一出现,它所在的那个时间点,一定是上古史中的小拐点,比如召陵之盟(春秋时期的两次会盟:第一次是公元前656年,以齐国为首的中原诸国与楚国的会盟;第二次是公元前506年,以晋国为首的十八个诸侯国讨伐楚国,会盟于召陵)、葵丘之盟（春秋时期，齐桓公召集的诸侯会盟）、践土之盟（春秋时期，晋文公召集的诸侯会盟）。在中国历史上，第一个以"某某之盟"命名的历史事件恰恰就发生在虞舜朝与夏朝之间，即由禹和夏后氏主导的涂山会盟。它标志着传说中的虞舜朝的统治彻底终结，也标志着夏朝的建立。

会盟，顾名思义就是会面、结盟，就是与会的各个政治实体约定好，派出自己的首领，在某一个地方会集，然后共同缔结盟约。夏、商、周时期的会盟，与会者是三代天下共主和臣服于他们的方国国君。春秋时期，与会者就主要是"春秋五霸"和迫不得已从属他们的小国。到了战国，与会者又主要是"战国七雄"。

无论讨论的内容怎样变化，会盟的前提都没有变。首要前提是，会盟一定是在一个天下共主的框架下实现的，有且只有一个共主王朝，春秋战国的会盟是另立政治军事集团，但不会去另立共主。会盟的第二个历史前提是，多发生会盟的时代，一定是共主权力出现了下移的情况，无论是夏、商的部落方国联盟，还是西周的分邦建国，乃至春秋战国的诸侯争霸，在这些时代中，天下共主本质上是无法对畿外实施有效管理的，最多只能施加一定的政治影响力。当然，影响力的大小不同，比如西周初年，三监之乱以后，周公摄政期间，周天子对诸侯国的影响力就很大。到了平王东迁（东周初期，周王室把都城由镐京迁到洛邑）以后，周天子就只剩了虚名，对诸侯国基本没什么影响力可言。但无论影响力是大还是小，周天子始终是天下共主。

基于这种影响而非管理的情况，就延伸出了第二个问题，即会盟的本质是什么。其实，在夏朝至战国这将近两千年的时间中，会盟的本质没有发生变化。会盟是什么？会盟要干什么？会盟要解决的从来只有两件事：第一，确定谁是老大；第二，有请老大制订规则。因此，会盟的本质就是天下共主或者当时政治军事强势的集团施加影响力。而这种影响力的施加是通过什么方式实现的呢？

如果按照孟子及其他古人的说法，通常有两种方式：一种是仁德，靠仁德实现叫"行王道"；另一种是武力，靠武力实现叫"行霸道"。

> 以力假仁者霸，霸必有大国。以德行仁者王，王不待大。
>
> ——《孟子·公孙丑上》
>
> 依靠武力假借仁义之名而统一天下的叫作霸，要称霸，一定得有强大的国力。依靠道德，施行仁义而统一天下的叫作王，要称王，不一定得有强大的国家。

换成现在的话说，行王道是靠意识形态，以德服人；而"行霸道"纯粹就是军事讹诈，仗势欺人。可能有人会觉得，成年人的世界哪有那么多道德认同，会盟的本质就是赤裸裸地军事讹诈啊。

这个倒也不能这么说，夏、商、周三代的会盟，还确实是有行王道的成分的，因为夏、商、周会盟的对象除了自身集团内部的氏族之外，东夷、南蛮、西戎、北狄，这些四方夷狄的占比非常高，华夏诸国同大多数夷狄相比，的确存在文化上的差异，诸夏向四夷传播礼义道德，"以夏变夷"，自然是行王道。但春秋战国的会盟为什么就毫无王道可言了呢？因为会盟的对象变了。华夏文明视野内的四方夷狄都被消灭、消化得差不多了，这个时候，没有华夷之分，只有诸夏的激烈角逐。你种田，我也种田。你亩产一百斤，我也亩产一百斤。但是你有三万亩地，我只有三亩地。这个时候，你再告诉我你制定粮价的依据是供求关系，有意义吗，你就是依据元素周期表定价，我又能说什么。所以说，只有绝对的历史正义，没有绝对的社会正义，因为任何试图给社会正义制订标准的行为本身都是非正义的。只要社会发展阶段相同，社会正义代表的永远都是强者的利益。因此，到了春秋战国，会盟就只剩下军事讹诈，行霸道的会盟也就成为时代的主流。

好了，清楚了什么是会盟，也了解了会盟中的霸道和王道，我们再来看让夏后氏登上历史舞台中央的这次会盟，究竟是一场霸道的会盟，还是一场王道的会盟呢？

涂山会盟这个历史事件非常重要，但可惜的是，因为其发生的时代离今天太过遥远，关于它的直接的历史记载非常少。少到了什么程度呢？少到只剩下《左传·哀公七年》中一句仅有十三个字的话："禹合诸侯于涂山，执玉帛者万国。"这句话的意思是夏后禹在涂山与诸侯会面联合，捧着玉石和丝织物等土特产来送礼朝贺的诸侯国君有一万个。显然，要想认识这场会盟，还原这个重大的历史事件，我们肯定要从这唯一的一条直接记载入手。这一句话中有两个信息点需要解读、解密：一个是会盟地——涂山——在哪里；另一个是前来送礼的"万国"都有哪些。

良渚文化是钱塘江流域和太湖流域的新石器文化，是中国南方玉文化的主要源头。玉器上的"大眼面纹"

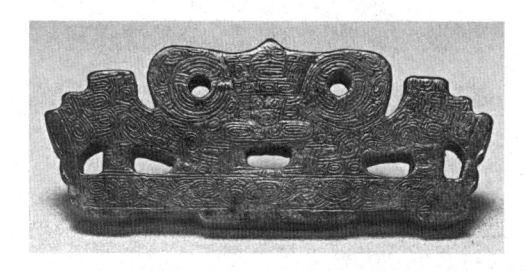

镂空神灵动物面纹玉饰，良渚文化早中期

是神灵动物面纹，也叫神兽纹。这类纹饰多以浮雕配合阴线，雕琢于良渚玉器上。但像这件直接以大眼面纹作为一件玉器造型的却不多见。它可能是良渚文化的冠状器，流传到明朝晚期时又被玉工改制了下缘，明朝玉工不但将器表纹饰刻深，还在器的上、下窄边，加刻了明代仿古几何纹饰。

三叉形器，良渚文化早中期

　　三叉形器是良渚文化早中期，太湖南边、东边地区的男性贵族专用的头饰。它的造型可能源自飞鸟。从考古资料可知，三叉形器常在中央上方联结一长玉管。这件三叉形器背面共有四个均可直穿的方突，下端的竖穿应该用于固定，上面的三个竖穿很可能曾插饰羽毛之类的软性装饰。这件三叉形器曾于明晚期至清初被加刻仿古的云彩、凤鸟纹、回纹及谷纹，还加染了褐色，染剂残留在纹饰缝中。

人物龙凤帛画，战国

　　"帛"字始见于甲骨文，从白、从巾，本义为白色的丝织品，后来逐渐成为丝织品的总称。

首先，涂山在什么地方，古人其实已有争论，而且各抒己见，相差十万八千里。总结起来竟然有四种观点，四个位置。其中，一个在北方，是山东省菏泽市曹县，据说是商王成汤（商汤，商朝的开国之君）陵寝的所在地涂山。另外三个都在南方，分别是安徽省蚌埠市的涂山、重庆市南岸区的南山和浙江省绍兴市的涂山。熟悉神话传说的朋友可能知道，涂山在夏朝堪称一块福地，因为它对禹的人生走向和夏后氏之后的历史走向都起到了至关重要的作用。禹除了选在这里大会诸侯之外，早些年他还在这里谈过恋爱。根据《史记·夏本纪》记载，禹亲口说自己娶了涂山氏，生了儿子启，所以才能取得治水的成功。涂山是一个方国名，也就是涂山国。涂山氏就是涂山国的姑娘。她是禹的正妻，也是第二代夏后启的生母，有人说她叫女娲，有人说她叫女娇。

关于禹和涂山氏，《吕氏春秋·音初》中还记载了一则极致浪漫的爱情故事。故事的开始，是禹出差途经涂山国，和涂山氏邂逅相爱了。但是，禹有工作要做，不能久留，不得已而告别涂山氏，继续去南方巡视。涂山氏就让自己的婢女在涂山的南坡等待禹，并作了一首歌，而这首歌的歌词也是一首情诗。歌的乐谱失传了，好在歌词还在，而且言简意赅，只有四个字："候人兮猗。"这就是中国最早的情诗、情歌，它并不是内容部分遗失了，仅仅只是过分言简意赅了。如果将其翻译成现代汉语,那就更简单了,只剩三个字:"等你啊!"多简单的告别,多坚贞的誓言。后人听情歌、读情诗,热衷的是艺术的形式美。但身在其中的人,想要的其实不是诗或歌,而是情。情真即大美。这首诗歌被历代学者认为是中国情诗的发轫之作,也被认为是中国最古老的乐种——南音的发轫之作。

> 禹行功,见涂山之女。禹未之遇而巡省南土。涂山氏之女乃令其妾候禹于涂山之阳。女乃作歌,歌曰:"候人兮猗。"实始作为南音。
>
> ——《吕氏春秋·音初》

禹和涂山氏爱情故事的美好结局我们都熟悉,这对自由恋爱的夫妻婚后的生活格外甜蜜,二人如胶似漆。根据《吕氏春秋》的记载,禹和涂山氏离别以后是要去南方巡查,既然要去南方,起码没有理由取道东方的曹县,所以涂山在北方的观点一定是不成立的。

可是,涂山在南方的观点有三个,哪一个正确呢?

我个人认为涂山在安徽省蚌埠市的可能性最大。首先,从文献上看,杜预为《左传·哀公七年》中的这句"禹合诸侯于涂山"作注,认为涂山在寿春东北,而对于《史记·夏本纪》中的这句"予辛壬娶涂山",司马贞索隐了皇甫谧的说法,指出九江当涂有禹庙，认为涂山在江南。杜预和皇甫谧都是魏晋时期的人，在所有提出涂山位置的古人中，他们所处的时代是最早的，理应离真相更近些。当然，这肯定不能算关键证据，因为支持其他两个观点的古人也有很多。我认为，关键性证据是今人发掘的考古遗存。

2007年以来，中国社会科学院考古研究所和蚌埠市博物馆对蚌埠市涂山南侧的一处龙山文化遗址进行了发掘。这个遗址距今四千三百年到四千年，和禹生活的时代相符合。遗址内有一个T形的夯土台基座，这显然是举行大型礼仪或祭祀活动的建筑基址。另外，这个遗址有房屋，但房屋非常简单，没有生活遗迹，遗址内还有陶器，且大多数都是专门烧制的礼器。

遗址内有高等级的夯土建筑，这说明这个遗址的规格不低，普通中小贵族是用不起、用不了的。但遗址内的房屋过于简单，而且遗址内的陶器又不是生活用品，这说明这个地方不是用来居住的，它不是长期定居点。那这个遗址是用来做什么的呢？当然是开会用的。会议的规格高，与会的嘉宾人数多，但大家开完会就走了，所以没有生活痕迹。由此可见，这个遗址就是四千年前夏朝的国家会议中心。另外，这个遗址叫禹会遗址，它被命名为"禹会"并不是因为在发掘之后，考古人员就认定了这里是大禹会盟的地方，而是因为这个遗址所在的村子叫禹会村。当遗址挖完以后，真相也算是大白于天下了，

"禹会"这个名字可以说实至名归。《左传》中记录的涂山会盟的涂山，就在这里。

弄清了涂山会盟的第一个信息点，我们再来看第二个信息点——"执玉帛者万国"。因为治水和考察这两项功业，禹和夏后氏的威望达到了无以复加的程度，禹顺其自然地实现了中国古代帝王梦寐以求的理想——万国来朝。当然，"万"肯定是虚指，今天联合国的成员国才不到两百个，就算夏朝建立的时候，东亚、东南亚、东北亚的部落再多，一个部落就是一个国家，全都派人参加，那也不能真有一万个。那究竟有多少呢？我认为可以参考春秋时期的封国数量。《史记》记载的诸侯国有一百零五个，有人说春秋时期分封最滥的时候，大规模兼并开始之前，中国最多有一百四十多个诸侯国。我认为这个数字比较接近当时的政治军事格局，也比较接近华夏文明和夏后氏的政治辐射能力。也就是说，可能有一两百个方国的君王或部落的酋长前来涂山，跟禹和夏后氏会盟。并且，他们全都携带了自己方国或部落最好的物产。这体现了夏后氏与华夏各部和四夷之间建立了一种朝贡的关系。

至此，《左传·哀公七年》中的这句话的历史信息已经全都破译了，但为什么这一句话里的历史事件这样重大，又凭什么说它标志着夏朝的建立呢？下一节开始，就让我们去其他古籍中寻找涂山会盟的蛛丝马迹，来看看涂山会盟背后，夏后禹建立的一系列国家制度。

2. 天下朝贡

《左传·哀公七年》里关于涂山会盟唯一的直接记载中有一个重要的信息，那就是朝贡的关系出现了。朝贡到底有什么具体的意义？在这仅有的一句记载中，古人为什么要用其中的六个字单单去记录朝贡呢？这一节，我们就来说一说朝贡及其背后的问题。

我们首先来看看何为朝贡。朝和贡貌似是两件事，实则是一回事。"朝"是一个典型的会意字，本义是天亮。古代君主早朝听政，从上古时期一直到清朝都是这样。百官聚在一起开会，所

朝元图，马君祥及其子马七等人，元代

三清殿中的"朝元图"壁画，由马君祥等人绘制而成，绘诸神朝拜元始天尊的故事，以八个帝后为中心，金童、玉女、星宿、力士等共二百八十六尊，场面开阔，气势恢宏。

以开会的地方叫朝廷，百官早起去找君主开会这件事情就叫朝见。朝，就是朝见。贡，就是缴纳贡赋，《尚书》说"任土作贡"。下级进献礼物给上级叫贡。所进献的礼物也叫贡品。

那都进献什么呢？《禹贡·疏》说"以所出之谷，市其土地所生异物，献其所有，谓之厥贡"。可见，上缴的贡品就是一地"所生异物"。按照现在的话说，就是特产。比如贡米，就是古代各地献给皇帝的特产米。又比如"日啖荔枝三百颗，不辞长作岭南人"里提到的岭南荔枝。还有四川省简阳市，过去称简州，当地有种猫叫简州猫，从宋朝起，简州猫就是贡品。所谓朝贡，就是地方官或者诸侯朝见君主，同时把当地最好、最特别的东西进献给君主。

这是一幅元代宫廷画师笔下的进贡图，他描绘的是元代两位长满胡须的胡人用锁链锁拿獒犬向皇帝进贡的情形。他二人一人在前面费力地拖拽，一人在后面卖

贡獒图轴，佚名，元代

力地驱赶，举止生动。

《尚书·旅獒》有云："惟克商，遂通道于九夷八蛮，西旅厎贡厥獒"。按孔颖达注疏，"西旅"是指西部羌族。早在上古，獒犬就已经是一种贡品了。有趣的是，《尚书·旅獒》本义是规劝君王不应因喜爱贡品獒犬而"玩物丧志"，可獒犬作为贡品的历史见于《尚书》，后世君王反倒偏偏需要番邦进贡獒犬来彰显自身不输前代的丰功伟绩，展示本朝万国来朝的盛世气象。

《国语·周语上》中有一段关于西周朝贡制度的记载。在讲朝贡制之前，需要先说明五服制，朝贡制与五服制联系密切，朝贡是各服向天子承担的义务之一。我们知道，夏、商、周三代在政治制度上有很强的延续性。五服制始于夏朝，最初见于《尚书·禹贡》。所谓五服，其实就是分五个等级。按《国语·周语上》所记，朝贡等级分为五级。第一级，是王畿，也就是君主所居住的王城五百里范围内，称为甸服。君主祭祀祖父、父亲的祭品要由甸服这个范围内的诸侯提供。那么，君主多久祭祀祖父和父亲一次呢？这个频率相当高，一天祭祀一次。第二级是距离王城五百里以外，一千里以内的地方，称为侯服。这一圈的诸侯负责提供君主高祖、曾祖的祭品。那君主多长时间祭祀高祖、曾祖一次呢？这个频率就低多了，一个月一次。第三级是距离王城一千里之外，一千五百里以内的地方，称为宾服。这一圈的诸侯负责提供君主远祖的祭品。那君主多久祭祀远祖一次呢？频率更低了，一个季度一次。第四级是距离王城一千五百里之外，两千里之内的地方，称为要服。这一圈的诸侯负责提供君主祭神用的祭品。那君主多久祭神一次呢？频率继续降低，一年只有一次。最后一级是距离王城两千里以外的地方，称为荒服。这一圈的诸侯啥也不用提供了，只要来朝见君主就行了。他们多久朝见一次呢？不多，一辈子来一回就行了。

以上，就是《国语·周语上》中所记载的西周的朝贡制。《尚书·禹贡》里明明就记载夏朝的五服制，还非常详细，这里为什么要用西周的五服来与之类比呢？因为《尚书·禹贡》中的记载，除了五服这五个层级的划分之外，在内容上看似详细，实则问题很多。

根据《尚书·禹贡》的说法，夏朝的甸服又被细分为五等，同样是以王城为中心，画出了五个同心圆，每一圈都要缴纳不同品种的粮食作物。比如离王城最近的一百里缴纳连秆的禾，一百里到二百里缴纳禾穗，二百里到三百里缴纳带秤的谷，三百里到四百里缴纳粗米，四百里到五百里缴纳精米。而甸服之外的四服，只对夏后氏承担推行王化、戍卫偏远等职责。很明显，《尚书·禹贡》对甸服的记载，仅记了谷物赋税，没有具体说明其职贡。五个同心圆，五种粮食，还刚好要凑齐五谷，这只是甸服向王朝缴纳的实物税，这不是朝贡。而关于甸服之外的四服，记载的是各邦国、部落服事王朝的不同义务，跟朝贡更是没有任何关系了。因此，我们只能通过参考西周的五服制来理解夏代朝贡的原理。更重要的则是透过西周五服的划分，找到隐藏在朝贡制背后的政治逻辑。

无论是《尚书·禹贡》，还是《国语·周语》，五个级别表面上是按照离王城、天子的距离划分出来的，但实际上，稍微动动脑子就能瞧出来，这分明是按照天子政治影响力的衰减半径划分出来的。离天子越近，天子的影响力越大，相应地，天子能让诸侯出的血就越多。距离越远，正所谓"天高皇帝远"，天子的影响力降低了，他能够胁迫诸侯出的血也就越少了。等到了两千里以外，天子已经不奢望诸侯能为他出哪怕一丁点血了。为什么呢，因为诸侯就是在家里骂天子八辈祖宗，天子的军队也够不着诸侯。因此这个时候，只要诸侯有心，一辈子能来朝见天子一次，那已经是给足天子面子了。

五级的朝贡制，五服的划分、五服的定名，或者是否分为五服，夏、商、周三代或许有所区别，但可以肯定的是，其原则和理念一定是一以贯之的。商朝如是，周朝也如是。

朝贡这件事其实由来已久，并非始于涂山会盟。《史记·夏本纪》中，司马迁就提到，朝贡一事，虞舜朝就有了。但要我说，恐怕远不止虞舜朝，从部落方国联盟式国家诞生的那一天起，朝贡的形式肯定就存在了，只是朝贡的规模、朝贡贸易在整个国家的经济总量中的占比有别罢了。更重要的是，朝贡有没有制度化。

到了夏代，禹的个人威望空前的大，因此被纳入华夏集团朝贡体系内的小部落、方国越来越多，夏代朝贡体系的这个盘子被做得空前的大，大到必须有相应的制度来规范它了。可是，在前文我们说了，《尚书·禹贡》里所谓夏朝的五服制，其实并没有记录各服职贡，而《国语·周语》中的西周朝贡制也只能帮助我们去理解朝贡制度本身的基本原理和政治逻辑，它也无法还原夏朝朝贡制的细节。那么，关于夏朝的朝贡是否有实质性的细则呢？

其实是有的。有一类，那就是具体的贡品种类，这个是有记载的。这就比较有趣了，四千多年过去了，涂山会盟这么重大的历史事件都只剩下了一句话，可会盟当中，暗示夏后禹可能收到了哪些小礼物的"礼单"居然还保留至今。接下来，我们就来看看涂山会盟中，夏后禹可能收到了什么礼物，以及夏朝最初的朝贡制是如何规定贡品种类的。

第五章　大禹和他的部落方国联盟

职贡图，谢遂绘，清代

《尚书》中有这样一篇文章，叫《禹贡》。这篇文章和《山海经》的《五藏山经》部分有很多相似之处，它也记载了夏朝初年东亚、东北亚的地理、地貌、地质和物产情况。《禹贡》记录了禹划天下为九州的历史。九州是哪九州，文章中交代得非常清楚，而九州是怎么划分的，也大体说了个思路。在记录九州物产的时候，作者就提到了九州分别要进献的贡品种类。

九州之一是冀州，今天河北省简称冀，来源就在这里。冀州是九州之首，因为古人以为冀州为帝都所在，所以被倚重。冀州在什么地方呢？大体包括今天河北省、山西省、北京市和天津市的全部，还包括河南省黄河以北的地区，以及辽宁省、内蒙古自治区的一部分。海外的岛夷进贡皮服，也就是毛皮大衣。注意，《尚书·禹贡》称"岛夷"说明了什么？这说明的恰恰是我们此前提到的上古时期的海侵现象。

九州之二是兖州，今天山东省济宁市兖州区就源于此。古兖州是东夷地盘，位于古黄河和济水之间，大概就在今河北南部和山东大部分地区。《禹贡》记载，当时的兖州种桑树，养蚕缫丝，大力发展丝织业。当地的贡品是用来制作漆器的生漆以及丝绸产品。无论是制漆业还是丝织业，这在当时绝对是高科技产业。能发展这样的产业，说明兖州这个地区的发展程度绝对不在中原之下。

自新石器时代起，古人就已经掌握了从漆树割取天然液汁制成生漆加工漆器的技能。漆器具有耐潮、耐高温、耐腐蚀等特殊功能。仅《山海经》中，就记载了仑者之山、号山、刚山、英鞮（dī）之山、虢（guó）山、京山、姑儿之山、熊耳之山、翼望之山等九个漆树的分布区，它们都是夏朝时中国的生漆主产地。

漆盘，南宋或元初

第五章 大禹和他的部落方国联盟

九州之三是渤海和泰山之间的青州，今天的山东省青州市就得名于此。青州仍然是东夷的地盘。青州进贡的贡品种类同样非常多，有海盐、细葛布、麻、蚕丝、锡矿石、松树和怪石。我们倒着一样样看。怪石不是用于加工石器工具或者礼器的石材，它是纯为观赏、满足猎奇心理而存在的。这说明夏后氏的贵族们兴趣爱好广泛，喜欢收藏奇石。而《禹贡》中提到青州进贡怪石，这可能也是中国赏石文化的源头。

北宋著名书画家米芾号称石痴、石颠、石圣，他虔诚地崇拜天意造化的奇石，并视之为人世间最高超的艺术，为之痴迷到神魂颠倒的程度。据说，他总在衣袖中兜放奇石若干，不分所处场合，不管他人好恶，随时取出把玩，还美其名曰"握游"。

米芾拜石图立轴，王震绘，清代

021

《枯木怪石图》又名《木石图》，是苏轼担任徐州太守时，前往萧县圣泉寺创作的一幅纸本墨笔画。

枯木怪石图，苏轼绘，北宋

该画作画面笔墨不多，唯枯木一株，干偃枝曲，逆顺有势；周匝缀以坡石、丛竹。石不作皴，暑微着墨，颇具腴润之感；丛竹蔓衍，倚石起伏，野趣横生。空白的背景，枯木、怪石、丛竹呈现墨色缓慢变化，线条粗细运用，绘出一种荒空而沉郁的意境。

若以北宋为中国赏石文化的第一高峰，那其中巨擘莫若徽宗。徽宗将奇石异草的出现，视为大宋国运之祥兆，赞之"挺然为瑞"，竭全国之力集之，竭自身之力绘之。他还将

祥龙石图，赵佶绘，北宋

赏石文化理论化，提出了奇石必备的五个审美标准——瘦、漏、皱、透、丑。江苏太湖所产之太湖石的形貌兼具此五项，故徽宗尤爱。

松树就是普通的松树，中原也不是不产，但还要不远千里从东夷运过去，这说明夏朝建立之初，国家基础建设工程很多。后面我们讲到道九川、道九山的时候就会知道，方方面面的建设，都需要大量木材，而东夷与中原之间有天然河道，所以运输的成本很低。因此，中原要求东夷大量进贡木材。

对松山图轴，李世倬绘，清代

泰山是五岳之首，其胜景以古松著称，这幅泰山图就以山中松林为主题。作者李世倬于乾隆年间奉旨办理孔庙礼器，在归途中作此画并上呈乾隆皇帝，因此画幅上方有乾隆题诗一首。青州以泰山为西界，泰山以古松闻名。泰山的古松早在夏朝便已是贡品了。

锡矿石意义非凡，它是青铜冶炼业的基本原材料之一。青铜不是纯铜，而是铜锡合金。纯铜的熔点是1083摄氏度，加了锡以后，熔点可以降低到800摄氏度左右。总结起来，加锡有四个好处：第一，熔点低，好烧，铸造便利度大幅提高；第二，更耐磨；第三，化学性质稳定；第四，锡还比铜便宜。因此，华夏集团接受青州东夷朝贡的锡矿石，意味着华夏集团青铜冶炼业的发轫。

锡在上古主要用作冶炼青铜器的原材料，而在明清以后，则多用来生产锡器。《山海经》中，一共记载了槐山、龙山、谨山、婴侯之山和服山等五个锡矿石的主产区，另外，《北山经》中还记载有一座山干脆就叫锡山，那里恐怕是夏朝最大的锡矿山吧。不过，《山海经》中并没有记载青州产锡，恐怕这部分内容佚失了。

蚕丝就不必多言了，是丝绸的原料。麻就是麻类植物，纤维可以织成麻布。麻布的优点是便宜，缺点是在古代不易染色。我们今天穿的亚麻材质的衣服，是古代穷人才穿的，有钱人穿绫罗绸缎，也就是各种各样的丝绸，花花绿绿能染色，穷人就是一身白。当然，商朝的贵族是特例，他们也穿一身白，因为商朝人就喜欢白色，这是人家的审美。当然，商朝的贵族就算穿白的，穿的也是白色的帛，而不可能是麻。直到明朝以后，朱元璋大力推广棉花种植，穷人才穿上了彩色衣服。

当然，这又是后话。细葛布是什么呢，《诗经》里有一首题为《王风·采葛》的诗，"彼采葛兮，一日不见，如三月兮。"成语"一日不见，如隔三秋"就出自这首诗。葛是一种蔓生植物，根可以吃，用茎的纤维做成的布就叫葛布。还有海盐，这个就厉害了。齐桓公任用管仲，管仲改革开渔盐之利，成就了齐桓公的春秋霸业。山东发展海盐不是从春秋开始的，仰韶文化时期，也就是黄帝时代，就会煮盐卤了。盐是古代中国最重要的商品，没有之一，因为盐是小农经济下，人从生到死唯一的刚需商品。其他一切东西你都可以不买，自己生产，生产不出来，我不用就罢了，唯独盐必须要买。因此，古代政府都对盐搞专营，拥有盐就拥有财富。齐桓公就是这样。上古时期还有一个典型案例，之前讲帝舜有虞氏的时候提到过的古巴国，在今天重庆市到湖南省这一带，它就产盐，所以它可以吊打有庳。

如此，我们再看青州、兖州这两块东夷地盘的贡品就知道了，它们不单科技水平高，而且物产丰富，关键还格外富有，简直就是天选之地，一点也不比中原差。所以说，别看涂山会盟时夏后氏牛气哄哄，万国来朝，那是因为禹还活着。一旦禹不在了，夏朝的后继之君镇得住东夷吗？俗话说，三十年河东，三十年河西，其实掐指一算，距离改朝换代也不剩多少天了。

亲蚕图（传），梁楷绘，南宋

图上描绘了从"浴蚕"到"织帛"的整个生产过程，由三幅图组成。第一幅是养蚕过程，可见养蚕妇人的辛苦，通宵达旦，日夜守候蚕宝宝。第二幅是蚕宝宝成熟，"上山"吐丝。第三幅则是蚕茧下锅处理，最后"织帛"。旧传此画作者为南宋人梁楷，无据。

九州之四是徐州，按照《尚书·禹贡》的说法，古徐州应该位于泰山以东、淮河以北、黄海以西、兖州以南，也就是今天山东省的南部和江苏省、安徽省的北部这一带。徐州的贡品也不少，包括五色土、羽山鸡、峄（yì）山的桐木、泗水边的磬石、淮夷的珍珠和鱼，以及黑色的绸和白色的绢。这些贡品纷繁复杂，其中有些东西不但同我们如今的生活相去甚远，就连隋唐以后的古人都可能会觉着陌生，咱们一样一样看。

首先是五色土。北京中山公园里有一个景点叫社稷坛，这是明朝建造的。社稷坛最上方按照方位铺着五种颜色的土壤：东方是青色土，南方是红色土，西方是白色土，北方是黑色土，中间是黄色土。社稷坛和南边的天坛、北边的地坛、东边的日坛，以及西边的月坛是一个组合，这个组合就叫作皇城五坛，是明清两朝的皇家祭祀场所。社稷坛里之所以铺五色土，是因为五色代表世间万物的无穷变化，而五色土象征"普天之下莫非王土"。接下来说说什么叫"社稷"。简单地说，"社"就是土地神，"稷"就是谷神。古代中国以农为本，农业又以土地为本，所以土地加农业，就象征着国家。因此，社稷等于古代的江山。但晚清之后，我们为什么不说江山社稷了呢？因为多种经济部门发展起来了，国家有了第一产业、第二产业、第三产业，社稷只是江山的一部分，不等于江山了。

实际上，五色土是古徐州的贡品，它并非从全国的东、南、西、北、中五个方位各取一把土凑出来的。这五种颜色的土全都出自同一个地方。按照《汉书·郊祀志》的记载，汉朝时，徐州每年都要进贡五色土，每种颜色各一斗。一直到宋朝，祭祀用的五色土都是徐州进贡的。可想而知，夏朝的朝贡体系中，至少五色土这一项贡品就延续了三千多年。我个人认为，至少汉朝以后，徐州进贡的五色土确实是祭祀用的。可在夏朝，禹真要拿它铺祭坛吗？我认为不是。我在编撰《山海经万物纲目》的《土部》时发现，《山海经》中，作为物产的土，一共只有两种，一种是垩，另一种是堇（qīn）。堇是上好的陶土，是一种陶瓷原料。而垩是涂料用土，是一种装修材料。从夏朝到汉代，古代的中产阶级以上，都用这种垩土刷墙，搞室内装修，就和今天我们用乳胶漆一样。不过它纯天然，更环保。当然了，穷人家肯定是用不起的。西汉的大才子司马相如追求卓文君，卓文君当时虽然是寡妇，却是蜀中富商卓王孙的女儿，因此就算守寡，又凭什么要嫁给司马相如呢？卓文君只好同司马相如私奔，等回到司马相如家以后，她傻眼了。为什么呢，《史记·司马相如列传》里说，他们家的房子徒四壁立。

> 文君夜亡奔相如，相如乃与驰归成都。家居徒四壁立。
>
> ——《史记·司马相如列传》

什么意思？就是说家里空无一物，就剩四堵连垩都没刷的墙立着呢。成语"家徒四壁"就出自这里。所以，我认为在夏朝，所谓的五色土应该不是用来祭祀，而是用来刷墙，也就是垩。《山海经》中，一共记载了二十多个垩的产地。而且，有白垩、黄垩，以及各种颜色的垩。这说明两点：第一，夏朝时，涂料的市场需求量是很大的；第二，垩是五颜六色的，五色土完全有可能是五种不同颜色的垩。根据清同治年间徐州的方志《徐州志》记载，徐州的赭土山出五色土，其作为贡品的历史始于夏朝。这说明，五色土的产地是同一个。哪怕这一条记载的时间与夏朝间隔太远，但五色土产于徐州这一点毋庸置疑。那么，既然五色土象征"普天之下莫非王土"，那是不是应该让各州都献土才好？只让徐州一地进贡，怎么能叫"普天之下"呢？这种事情，秦朝以后的封建王朝有可能会做，但夏、商、周三朝如果真要搞祭祀，则一定不会做。因为他们对祖先也好，对神灵也好，都是非常虔诚的，他们不会说着鬼话去骗神，也不会说着神话去骗鬼。

我们再来看羽山鸡，这明显是一种野味了。羽山在今天江苏省连云港市东海县，这就是传说中祝融杀死鲧或流放鲧的地方。

峄山桐木是一种木料。陶渊明有赋云："愿在木而为桐，作膝上之鸣琴；悲乐极以哀来，终推我而辍音！"（我盼望成为一根桐木，做成放在你膝上的一张鸣响的古琴。悲哀的是乐极总会生悲，你终究会推开我而停下演奏。）桐木是做古琴用的，传说中神农氏"削桐为琴，绳丝为弦"。桐木一直是制琴的上品良材。古人常用桐木作琴面，用梓木作琴底。梓木就是今天咱们说的紫光檀，紫光檀是黑的，不发紫光，因为这个"紫"其实应该是梓木的"梓"。上古、秦汉时期的君王、诸侯都用它做棺材板。棺材又叫梓宫，因为它是用梓木做的。梓木密度极高，特别细腻，所以古人用密度低且质地软的桐木的柔美配古琴之阳，取密度高且质地硬的梓木的刚猛配古琴之阴，阴阳相合，以得刚柔相济的音色。

画中描绘了高山流水的故事。伯牙善鼓琴，钟子期善听。子期死后，伯牙谓世间再无知音，于是破琴绝弦，终身不复鼓琴。作者向来传说是南宋宫廷画师刘松年，但画中宋代气息不足，或为后世仇英传派的作品。

摔琴谢知音图（传），刘松年绘，南宋

第五章　大禹和他的部落方国联盟

七弦琴，宋代

泗水边的石头可以敲出浑厚空灵的声音。古人对其进行加工，做成乐器磬，所以管这种石材叫磬石。泗水发源于山东省济宁市曲阜市，后汇入淮河。徐州这两种贡品非常有意思，一个是做琴用的木料，一个是做磬用的石头。

虎纹石磬，晚商

早在新石器时代，中国就有了石磬。这件虎纹石磬做工精细，正面刻有清晰的虎纹，堪称商代的磬中之王。据测定此磬已有五个音阶，可演奏不同的乐曲。

中国古代有八种制造乐器的材料，分别是金、石、丝、竹、匏、土、革、木。《周礼·春官·大师》有云："皆播之以八音，金、石、土、革、丝、木、匏、竹。"其中，由金所制的乐器是钟、镈、铙，由石所制的乐器是磬，由丝所制的乐器是琴、瑟，由竹所制的乐器是箫、篪，由匏所制的乐器是笙、竽，由土所制的乐器是埙、缶，由革所制的乐器是鼗、雷鼓，由木所制的乐器是柷、敔。以上八种材料所制作的乐器，合称八音，八音则象征着音乐。后世有佛教八音、乐昌八音、镇隆八音等等，甚至西方传入的机械发音乐器都被称为八音盒。这些与音乐有关的"八音"命名都体现了传统文化与民间文化、宗教文化的杂糅。

夏朝要求徐州把这些东西作为贡品进献过来，显然是要拿它们做乐器。西周的礼乐制，鼎盛在西周，起源呢，至少可以看到，是在夏朝了。乐是礼制的外化。这两种原材料表明，礼乐制的雏形开始形成了。徐州的贡品分南北两面，桐在北面，即今天的山东省；磬在南面，即今天的江苏省。淮河里的珍珠和鱼，前者可以做饰品，后者可以食用。还有黑色的绸和白色的绢，其实也都属于丝织品。这是九州之四——徐州的贡品。

第五章 大禹和他的部落方国联盟

这是一件18世纪西藏地区所产的珍珠帽。用纸搓捻的线，将大小珍珠穿串编织成帽，间缀以松绿石及金珠。帽口宽而深，顶上拴着金嵌松石帽顶，松石细片切割规矩，嵌工精致。帽胎甚厚，仅见皮里髹暗红漆。

嵌松石珍珠帽，清代

之后是九州之五，扬州。古扬州的地盘可就大了，北边到淮河，东边到东海；南边，理论上到南海。当然实际上，大约只能到今天浙江省沿海一带，再往南，就超出当年夏朝的政治辐射半径了。从清单上一看扬州的贡品，就能感觉出当地比较落后。为什么呢？首先，这些贡品基本都是原材料，比如各种金属矿石、玉石，大大小小的竹子，还有象牙、皮革、鸟的羽毛、木材，等等。再者就是，即便贡品中有一些手工业产品，加工难度也非常低，比如岛夷用草编的衣服。另外，扬州的贡品中居然还有橘子和柚子。由此可见，夏代中国的私有化程度已经相当高了，贫富差距很大。夏后氏的新兴贵族竟然能吃上江南地区的橘子和柚子，这是多不可思议的一件事。我们要知道，杨贵妃吃的荔枝，虽然还不能空运，但起码能用马运。可在夏代，别说马了，牛车都还没发明出来呢。那么，要把江苏省、浙江省的新

033

鲜水果运到河南省，甚至是运到山西省去，并且保证水果不变质，要怎么做到？好了，这个问题我们按下不表，后面再来解答。

越王州勾剑，战国早期

这是一件带有首、箍、格的圆茎剑。剑首为圆形，上有平行的环纹。剑茎上有两道凸弦。单脊长剑身，两边开刃。铭文十四字，分别刻在剑格的两面。以中脊为界，一面分别是"戉州句""王州句"，另一面为两个相背的铭文"自作用剑"。

越王嗣旨不光剑，战国早期

此剑名越王嗣旨不光剑，不光即越王朱句（州句）之子不扬（翳）。剑柄尾端有铭文十二字，铸铭嵌金银丝，为吴越盛行的变体篆书。

春秋战国之际，吴越之地以所产宝剑闻名天下。吴越之地古属扬州，但在夏朝时，扬州本地出产的大量金属矿石却是进献夏后氏的贡品，其青铜冶炼的历史恐怕要等到商代时泰伯奔吴——将华夏先进的青铜冶炼技术带到吴越——以后才开始。

九州之六是南方的荆州。荆州在扬州的西面，是荆山、衡山以南的地区。荆山在今天湖北省武当山的东南、汉江西岸，现在还叫荆山，没改名。我们知道楚国古称荆国，"荆楚"的"荆"就来自荆山。和荆山相比，我们貌似更熟悉衡山，毕竟是南岳嘛。没错，可是这时的南岳衡山肯定不是今天湖南省衡阳市的衡山，而应该是安徽省潜山市的天柱山。

这里顺便讲一个常识，五岳是中国五大名山的总称，是古代民间山神崇拜的代表性产物，也是古代君王巡狩、封禅的政治文化场所。岳之所以有五，是受五行五方观念的影响，五岳分别是东岳、西岳、南岳、北岳和中岳。五岳分东、西、南、北、中，这制度自形成至今，都没有改变，但这并不意味着五岳所指的五座山也一直没有改变过。其实五岳之中，只有东岳泰山和西岳华山一直没变，其他三岳古今各时期所指多有差异。所以日后大家如果读到南岳衡山，不要以为它一定就是今天湖南省衡阳市的衡山，具体指哪里，还要结合文献去判断。

言归正传，我们继续看古荆州。古荆州在当时来看，社会发展程度也非常低，这一点我们从荆州的贡品也能看出来。荆州的贡品和扬州的一样，都是原材料，比如羽毛、旄牛尾巴、象牙、皮革等，几乎没有什么像样的手工业产品。

怪奇鸟兽图卷·旄牛，日本江户时期

上古古籍中经常出现"旄牛"，旄牛就是今天生活在青藏高原的牦牛。郭璞注《山海经·北山经》时，注曰："今旄牛背膝及胡尾皆有长毛。"

这里要单独说一下皮革。荆州和扬州都要进献皮革，这个皮革跟北方冀州的皮大衣可不是同一种东西，荆州和扬州进贡的皮革可不是用来生产民用的服装，而是军用的铠甲。战国以前，中国有用犀牛皮做铠甲的传统，这个传统随着战国末年以后小冰期到来、犀牛南迁、铁制兵器替代青铜兵器而逐渐结束。但在夏朝，皮革是主要的铠甲原料。

献陵石犀，唐代

除了做铠甲的皮革，还有做箭镞的石材。弓箭是人类历史上一个伟大的发明，它在人类武器史上绝对是一个划时代的产物。它使人类避免了近身肉搏，实现了远程攻击。一根箭由三个部件构成，箭头的部分叫箭镞，早期是石制的，后期是铁制的。我们熟悉的玛瑙，其实就是最主要的制作箭镞的石材。"他山之石，可以为错"，玛瑙在石器时代跟玉根本就是两种东西。玉是软的，美丽且易于加工，所以做成礼器；而玛瑙很硬，在当时来讲，其在工艺上的可塑性很低，所以用于做工具、箭镞。另外，一根箭除了箭镞，还包括中间的箭杆和尾部的箭羽。荆州的贡品里，第一项就是制作箭羽的羽毛，另有箭杆，以及制作箭杆的木材。中国古代最好的箭杆用木就是楛（hù）木。楛木硬度高且轻，既不容易折断，还射得远。古代两个地方出产的楛木最好、最有名，其中之一就是古荆州，夏、商两朝的楛木主要取自这里。另一处产地在东北，即古国肃慎。商周以后，荆州的楛木可能被过度砍伐，而且中央王朝对东北亚的影响力逐渐加强，所以楛木箭杆的主要来源地成了东北。由此可见，用于加工铠甲的犀牛皮、加工箭镞的石头、加工箭羽的羽毛、加工箭杆的楛木全都来自荆州，荆州堪称夏朝兵工厂的原料库。但很可惜，不知道是因为荆州的手工业水平低，加工不了这些东西，还是出于军事安全的考虑，夏后氏不让荆州加工这些武器，因此荆州进贡的都是原材料。另外，荆州还出产细磨石和粗磨石，也就是今天成语"砥砺前行"的"砥"和"砺"。

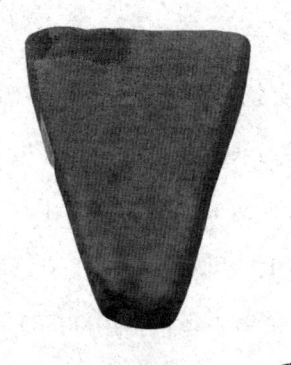

砺石

砺石是一种坚硬的粗磨石，是用来加工石器、玉器的工具类石材。在新石器时代末期和青铜时代，砺石的需求量非常大。《山海经》中就记载了唐虞之际到夏朝初年崦嵫山、灌题山、京山、锡山、高氏山、葛山尾、凫丽山、阴山、发视山、蛊尾山、阳华山、鼓钟山、蘁山、师每山、高梁山、大騩山、历石山、江浮山等十八个砺石产区。

九州之七是豫州，豫州就是中原地区了，是华夏集团的政治文化中心区。"豫"是一个会意字，表现的是"大象"与"我"。商代以前，中国的气温比今天高得多，人类活动对生态环境的影响又小，所以当年的河南省地区是中国人和亚洲象的家园。商代的甲骨文刻辞中经常出现大象，而且夏商的文物里也有象牙、象骨，由此可见，当时的豫州真的是因象得名。

象足尊图

豫州是华夏集团传统的文化中心区，社会发展程度最高，这从当时豫州的贡品品种上也完全能看得出。豫州除了用来做磬的石头之外，所有的贡品都是手工业产品，是加工好的东西，而不是原材料。比如各种漆器，各类用植物纤维制成的麻布、葛布，还有丝绸。

贡象图，佚名，清代

该画描绘了番邦使者牵着一头披挂珞璎、驮着奇珍异宝的白象前来进贡的景象，展现了康乾时期，大清国遐迩一体的盛世景象。

九州之八是西南方的梁州，《禹贡》记载它的位置在华山以南至汉江之间，包括今天陕西省、四川省和贵州省的一部分。梁州的贡品分两大类：一类是各种石头，包括玉石、各种金属矿石、做箭镞的石材，以及磬石；另外一类是动物，包括熊、马熊、狐狸、浣熊、小熊猫。夏后氏要这些东西不是为了吃，更不是为了养宠物，主要还是需要这些动物的皮毛做皮衣用。像小熊猫这么可爱的小动物，估计是做围脖的。至少晚至宋朝，小熊猫进宫一直是这个用处。

九州之九是雍州，春秋战国时的秦国就在这里，即今天陕西省、甘肃省一带。雍州的贡品品种很简单，就是美玉和珠宝。

以上就是九州贡品的详细清单，也就是涂山会盟中，夏后禹可能收到的小惊喜。

可能有些朋友不理解，贡品种类而已，有必要一个个展开论述吗？现在都讲完了，我想我需要认真总结一下了。但在总结之前呢，我又想先和大家聊几句闲话。于我而言，读历史的一大趣味点，就是不断变换视角去看待同一个历史事件或者历史人物。看待任何历史事件、历史人物都有至少三个固定的视角，我把它们分别称为历史视角、古人视角和全知视角。所谓历史视角，就是把事件和人物放到整个人类文明的历史长河当中，从全局上看它们对历史过程的影响。这样来看，我们可以宏观地理解历史本身的发展规律，认识每个事件、每个人的历史意义。简而言之，这个视角解决的疑问是"这么做的价值在哪里"。

所谓古人视角，要求我们走进历史，站在当时人的视角去看。这样看，无疑可以帮助我们理解古人，理解他们为什么会这样选择，理解历史为什么会这样演进。这个视角解决的疑问是"为什么要这么做"。

所谓全知视角，其实就是"事后诸葛亮"，是把某个历史事件或者历史人物放回到它们所在的时代当中，这可以使我们理解历史怎么演变成今天这样。简单地讲，这个视角解决的疑问是"怎么会这样"。

接下来，我们就从这三个视角来重新审视从《禹贡》中拼凑出来的历史，审视夏代的朝贡制度。首先，第一问，夏代朝贡制度的价值是什么？

我们知道，夏朝所处的这个时代在生产力层面上是中国历史的一个分水岭，它是石器时代和青铜时代的分水岭。石器和青铜器，表面上看只是两种材质，但实际上，青铜器取代石器，代表整个物质文明的空前大发展，是人类认知世界、改造世界的能力的第一次大爆炸。

石器加工是什么呢？如何理解石器文化？《诗经》里一句高度凝练的诗可以回答："它山之石，可以攻玉。"石器加工在原理上、实操上有多简单，你只需要找出两块不一样的石头，一块软，一块硬，用那块硬的去磨软的，就是加工石器了。如果你能再找出一块尖的，一块平的，尖的刚好硬，平的恰好软，那你还会琢了。会琢会磨，就是石器加工大师了。你完全没有必要认识它们，也没必要从万千石材中归纳出它们的定义、特性，你永远可以在任何时候从零开始，只需要利用这两块石头之间的硬度差，就可以加工石器了。

但青铜冶炼呢？那可就完全不一样了。首先，你得能挖到地表以下，然后从万千矿石中准确地挑出铜矿石和锡矿石，否则你炼了半天也是白炼。而且说到炼，你还得有办法把它们熔炼到至少800摄氏度以上。大家吃过烧烤吧，炭火烤熟羊肉容易，但能烧到800摄氏度以上吗，完全没有可能。再好的木炭至多能烧到700摄氏度左右，所以如果只用木炭，古人要创建什么样的环境才能让它烧到800摄氏度以上呢？就光是这两条，需要多少人工？这些匠人可是全职手工业者，他们的口粮谁来出？

孔雀石标本
孔雀石是上古工匠用来炼铜的矿石。

陶坩埚，商前期
这是出土于河南省郑州市二里岗遗址的陶坩埚。坩埚是融铜的工具，它的使用极大提高了生产效率。

炼渣，商晚期
青铜冶炼产生的残渣。

当时粮食的亩产量很低，一个匠人又需要几个农民供养呢？这些前提叠加起来，发展并支撑起一个青铜冶炼产业，又需要多大的人口规模？

那从零到一的研发过程呢？这个生产技术的研发过程，又要有多少实验？涉及多少学科？这算的可就不是一时一世的经济账了，想一想就觉着不可思议。这就和造汽车一样，一辆汽车只是一件商品，但其背后要有多庞大的工业产业？又需要积累多少知识？所以说，石器时代向青铜时代的演进，于书本上可能只呈现一行字，于古墓里可能也只呈现一面破烂的铜镜，但其背后的技术及相应产业又分别历经了怎样的发展历程？

如果二里头文化遗址出土的镶嵌青铜十字纹方钺代表一棵刚刚破土而出的幼苗，那么《山海经》记载的七百二十五种物产和《尚书·禹贡》记载的九州贡品，恰恰是物质文明的土壤。禹之所以要耗费巨大的人力、物力、财力来进行国土资源考察，之所以要费尽心力建立朝贡制度，将更多的方国、部落纳入夏后氏的朝贡体系，就是为了推动民族与社会的迈进。

因此，青铜文化取代石器文化，这是中国史的里程碑，而涂山会盟中，夏后禹收到的小礼物、《尚书·禹贡》里藏着的"大礼单"，恰恰是促成这一里程碑的物质基础。夏代朝贡制保障了历史进步，这就是其价值所在。

以上这些是我们站在历史视角上发现的，即夏代朝贡制对物质文明的促进作用。在夏后禹所处的时代，朝贡体系之下的夏后氏、华夏十二氏族与臣服于他们的方国之间，又呈现着怎样的关系？以此为原点不断发展的朝贡制度、朝贡贸易，又将对未来的中国造成怎样的影响呢？这就需要回到夏后氏的时代里去回答第二问了，即夏后氏为什么要这么做。通过分别开列九州的贡品，我们又不难发现，华夏文明的区域发展是相当不均衡的。

作为文化核心区的豫州，除了磬石，所有贡品全是手工业产品，这代表了华夏集团，夏后氏那十二个联盟的部落方国的发展水平，它们完全掌握了当时所有尖端的技术，占据了全部的上游产业。反观冀州、扬州、荆州、梁州和雍州，这五州的贡品品种丰富，木材、石材、矿产资源、动物资源，甚至还包括南方的河鲜和水果，应有尽有，但无一例外，统统是通过采集、渔猎、开采、砍伐这样的基础性劳动得到的，而且统统是手工业作坊的原材料。它们成就了夏后氏祭天祭祖的礼器，成就了夏后氏贵族的饰品，成就了夏后氏嘴里的味道，甚至成就了夏后氏手中生杀予夺的尖端武器。这就是夏代朝贡体系的本质。

说到这里，大家肯定想到了资本主义全球市场，是，相差三四千年，从规模和性质上看，二者的确没什么可类比的，但如果从形式与历史进步性上看，也没什么不能类比的。资本主义全球市场的中心是工厂，夏代朝贡体系的中心是夏都的手工作坊。二者想要囊括和整合的都是各自所处时代中，交通和军事政治影响力可及的整个世界的全部资源。它们之间最大的区别其实并不是规模和性质，而是手段和目的。资本主义全球市场使用经济手段谋取经济利益，而夏代的朝贡体系是以政治手段谋求政治利益。这就是彼时孕育了伟大青铜文明的朝贡制度的本质。这就解释了夏后氏为什么要这么做。其实沿着夏后氏的朝贡制往下想，我们似乎也就不难理解为什么后世中国历代封建君王穷极一生的政治理想都是"万国来朝"。同样，我们也不难理解为什么明朝的郑和下西洋永远也不可能开启属于中国的大航海时代。

此画描绘了1414年郑和下西洋时榜葛剌国进贡的"麒麟"。该画出自宫廷画师之手，由明代儒林郎翰林院修撰沈度于永乐十二年作序，并将此序誊抄于画上。原画上部有《瑞应麒麟颂序》，从右边缘写满到左边缘，共二十四行。且有二枚印章，在画幅紧左边缘中央。

画中的"麒麟"显然是产于非洲的长颈鹿，却被明朝的皇帝当作祥瑞麒麟愉快地笑纳了。永

瑞应麒麟图，佚名，明代

乐大帝在公元15世纪仍旧做着公元前21世纪夏后禹那场"万国来朝"的美梦，这注定了大明朝斥巨资主持的人类历史上规模空前的航海活动终将落得像画师笔下的这只"麒麟"一般戏谑的结局。

最后，如果我们把从《尚书·禹贡》中拼贴出来的夏代朝贡体系放到当时的历史中再做比较，又会发现并且印证一个问题：我铺垫的贯穿上古史的重要线索——东夷与华夏的关系，为什么可以成就历史的拐点。夏代朝贡体系表面稳定，实则暗流汹涌。天下九州，东夷有三，分别是兖州、青州和徐州。而且关键的问题是，东夷的贡品里，手工业产品一点也不少，中原华夏能生产青铜器，东夷一样能生产。况且东夷的经济体量非常大，可能在很多领域，物产生产成本比中原华夏还更低，比如青州，连最普通的、又重又完全不具稀缺性的松树都要进贡。松树中原也有，可能中国遍地都有，却偏偏还要从东夷运过去，显见即便叠加了水路的物流成本，夏后氏索要东夷的松树依旧有利可图。总之，东夷的贡品清单也表明，它们的社会进程并不晚于华夏，从经济上，它们完全可以与中原华夏分庭抗礼。那么，在夏代朝贡制度下，夏后氏想要像吸血南蛮一样吸血东夷，能够长久地实现吗？这个问题，也就是最后一问，要留到夏后禹驾崩以后再来看了。

3. 国家大型基建工程：道九山和道九川

上一节通过涂山会盟这个历史事件，通过《尚书·禹贡》的记载并将其与《国语·周语》进行对比，模拟还原了夏代朝贡制度，以及由这个制度建立起来的朝贡体系。但是，这里面有一个问题：夏代朝贡体系想要运行起来，除了贡品，一定还需要一个相当庞大且空前发达的交通系统。比如，讲到徐州的贡品清单时，我提出过这样一个问题：杨贵妃想要吃荔枝，依靠的是唐代遍布全国的邮驿网络，邮驿是靠马、靠驿卒实现的。但夏朝的马可还没法骑，甚至连驯化动物拉车的技能，当时也都还没有普及。那么，在单纯只有人力的情况下，夏后氏是如何坐在河南省中西部，甚至躺在山西省南部，就吃到江苏省的橘子、柚子，吃到淮河里的河鲜的呢？这是一个奇思妙想而又气吞山河的历史工程，也是本节要讲到的中国古代史中开天辟地的第一

货郎行路图，佚名，北宋

项国家大型基建工程——道九山、道九川。

提到古代政府组织修路,可能大部分人能想到的就是秦灭六国以后修建的秦直道、秦驰道。殊不知,在全国修路这件事上,首创者应该是大禹。根据《史记·夏本纪》的记载,夏朝建立前后,由夏后氏主持,夏朝建立了连通天下九州的交通网络,这个网络包括公路网和水路网。

建立公路网的前提就是开山,因为前面提到过,夏朝建立之初,中国人还没有交通工具,不骑马、不拉车,所以所谓的公路其实就是便道,供人走的。平原地区一马平川,没什么越不过去的沟坎,所以平原地区不涉及修路的问题,修路主要是在山区,方式主要是开山。当然,这对夏后禹而言其实没有什么挑战性,毕竟我们知道,夏朝建立以前,禹主持治水工作时,就凿开过龙门、伊阙、厎柱和碣石。而且当年开山,是为了让洪水通过,如今开山,只需要让人通过,后者的难度系数和工程量,完全不可同前者相提并论。那么,根据《史记·夏本纪》的记载,夏朝建立以后,夏后氏主持修建了九条山路,具体是哪九条路呢?

第一条路从汧(qiān)山和岐山一直到荆山。汧山在陕西省陇南市,岐山在陕西省宝鸡市岐山县,属于雍州;荆山在湖北省丹江口,属于荆州。这条路是从雍州通往荆州的,是一条南北向的路。

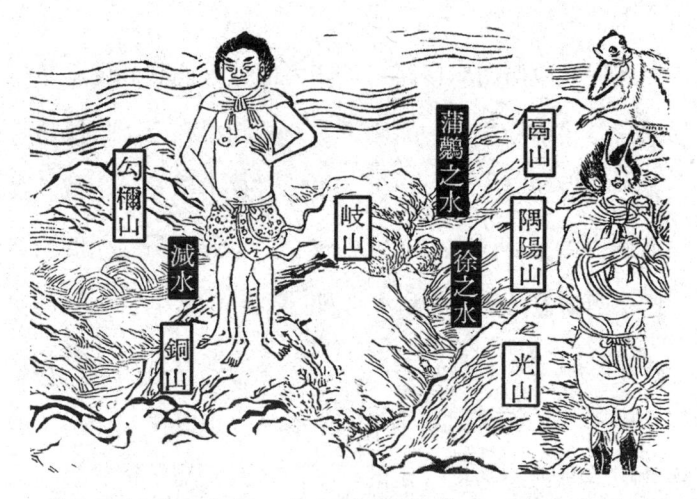

《山海经寰宇全图·中山经中第七》之岐山,赵越绘

又东二百五十里,曰岐山,其上多白金,其下多铁,其木多梅、梓,多杻(niǔ)、楢(yóu)。减(jiǎn)水出焉,东南流注于江。

——《山海经·中山经》

再向东二百五十里的地方叫岐山,山上盛产白银矿石,山下盛产铁矿石。山中的树以梅树和梓树为主,还有很多杻树和楢树。减水河从这里流出,向东南流入长江。

《山海经》中出现了很多次岐山,但并非每一次都是指陕西省岐山县的岐山。"岐"在古代有分叉的意思,所以凡是一脉分两支的山都可称为岐山。

《山海经寰宇全图·中山经南第六》之荆山，赵越绘

凡荆山之首，自翼望之山至于几山，凡四十八山，三千七百三十二里。其神状皆彘身人首。其祠：毛用一雄鸡祈瘗，用一珪，糈用五种之精。禾山，帝也。其祠：太牢之具，羞瘗，倒毛；用一璧，牛无常。堵山、玉山，冢也，皆倒祠，羞毛少牢，婴毛吉玉。

——《山海经·中山经》

总计荆山山系，从翼望山到几山，一共四十八座山，距离三千七百三十二里。这些山的山神的样子都是人首猪身。祭祀山神的礼仪是，把一只雄鸡作为祭品埋入地下，使用玉珪，用五谷作为精米。禾山的山神是山神中的帝王，祭祀它的礼仪是，用猪、牛、羊三牲作为祭品，奉上珍馐美味，将牲口倒置，埋入地下。祭祀的玉器要使用玉璧，牛并不是必须的祭品。堵山、玉山都是祖山，祭品也要倒置，祭品要用猪和羊，玉器要用吉玉。

《山海经·中山经》的第十一个山系就是荆山山系，禹和伯益曾造访这里。《山海经·中山经》详细记载了荆山当地的原始宗教信仰，记载了这里的祭祀礼仪。根据这些记载可以推断出，在唐虞之际至夏朝初年，此地已经完成了农耕化的历史进程，他们种植水稻，也饲养猪、牛、羊等家畜，并且能够制造用于祭祀的玉器。

第二条路从壶口山、雷首山到太岳山。壶口山在山西省临汾市吉县，雷首山在山西省运城市芮城县，如果按照《尚书·禹贡》的划分，壶口山、雷首山区属于冀州。但有一种说法是禹划分九州之后，认为九州中冀州地域太广，不便管理，就把原来的冀州拆成了并州、幽州和营州。这样，九州就成了十二州，那壶口山、雷首山就属于并州。这条路从这里通向太岳山，太岳山就是今天山东省泰安市的泰山，泰山又是兖州、青州和徐州的地理分界。考古方面有一种观点，认为山西省临汾市的陶寺遗址是唐尧时期的都城，加上《世本》所说的"禹都阳城"，《史记》所说的"禹居阳城"，那么夏后禹的都城可能就在河南省登封市的王城岗遗址。而兖州、青州和徐州，这三州是东夷的地盘。所以这第二条路就相当重要了，它是贯穿唐尧到夏后氏这一段时间内华夏集团政治文化中心区，然后通往东夷的道路。这是一条东西向的路。

《山海经寰宇全图·中山经北第八》之甘枣山，赵越绘

《山海经·中山经》的第一个山系薄山山系的首山叫甘枣山，根据《括地志》记载，这座位于山西蒲州河东县（今永济市）的甘枣山就是雷首山。这里还是黄河的支流——共水——的发源地。另外，大禹和伯益他们途经此山，还发现山中有种怪兽，它貌似鼠，头上有像字一样的花纹，这种怪兽被命名为 㔮（nuó）。据说人吃了它，就可以治愈瘿（yǐng）病。

第三条路从砥柱山、析城山到王屋山。砥柱山位于河南省三门峡市陕州区，析城山位于山西省晋城市阳城县，王屋山位于河南省济源市、山西省晋城市及运城市一带。这条路基本上是从豫州通往冀州或并州的路，虽然路程短，但穿越的全都是山区，而且基本位于当时华夏集团的中心区。它是一条南北向的路。

天下名山图·王屋山，佚名，清代

第四条路是从太行山、常山一直到碣石山。太行山是山西、河北两省的分界，常山是古北岳，在河北省石家庄市正定县。碣石山当年肯定是一座海岛上的山，因为有海侵现象。不过关于它的位置有争议，曹操名诗《观沧海》中的碣石山在河北省秦皇岛市昌黎县。但更北一些的辽宁省葫芦岛市兴城市，更南一些的山东省滨州市无棣县，也都有碣石山。不过无论是哪个碣石山，这第四条路都是冀州内部一条东西向的路，而且这条路比较有意思，它一大半是陆路，一小半是水路、海路。

第五条路是从西倾山、朱圉（yǔ）山、鸟鼠山到太华山。西倾山在青藏高原东北边缘，青海省和甘肃省交界处；朱圉山位于甘肃省天水市甘谷县；鸟鼠山位于甘肃省定西市渭源县。太华山就是西岳华山。因此这条路横贯雍州，是一条东西向的路。

第五条路的西起点中，有一座山叫鸟鼠山。喜欢历史地理的朋友对它肯定不陌生，这是一座非常有意思的山。

鸟鼠山是渭河的发源地，是西秦岭山脉北支的一部分。古籍中记载，这座山中存在一种神奇的动物共生现象，叫"鸟鼠同穴"，这也是它以之为名的原因。两晋时的学者郭璞最早解释了这种现象：这座山中，有一种鸟和一种老鼠在同一个地穴中共生，鸟的名字叫鵌（tú），鼠的名字叫鼵（tū）。鵌长得像燕子，但颜色是黄色的。鼵长得像家鼠，但尾巴很短。鼵在地下打洞，深数尺，居住在洞底部，而鵌在洞的外部。两个物种在同一个洞穴里共同生活，这事儿您信吗？我认为严格意义上的

《山海经寰宇全图·西山经第二》之鸟鼠山，赵越绘

又西二百二十里，曰鸟鼠同穴之山，其上多白虎、白玉。渭水出焉，而东流注于河。其中多鳋鱼，其状如鳣（zhān）鱼，动则其邑有大兵。滥水出于其西，西流注于汉水。多魾（pí）之鱼，其状如覆铫，鸟首而鱼翼鱼尾，音如磬石之声，是生珠玉。

——《山海经·西山经》

再向西二百二十里的地方叫鸟鼠同穴山，山上有很多白色的老虎和白玉。渭水从这里流出，而后向东流入黄河。河中有许多鳋鱼，它们貌似鳣鱼，它们在哪个城市游动，哪个城市就会爆发大的战争。滥水从山的西面流出，又向西流入汉水，河中有很多魾，它们貌似翻覆了的铫，长着鸟一样的头和鱼一样的鳍尾，叫声像敲击磬的声音，能吐出珍珠和玉石。

"鸟鼠同穴"是不存在的。但是在类似鸟鼠同穴山这样的高原开阔地带,确实有一些褐背拟地鸦或雪雀一类的小型鸟类经常钻进旱獭、鼠兔等动物挖掘的、废弃的洞穴,利用这些洞穴躲避烈日、风雪、冰雹一类的极端天气,甚至利用废弃洞穴产卵育雏,以躲避鹰、狐等天敌。但这些被鸟类利用的"鼠洞"都是早已废弃的洞穴。的确是"同穴",可鸟进洞穴的时候,鼠其实早就不在了。因此,我认为这座山最初以此得名,是因为生活在平原地区的古人看到了鸟钻鼠洞。鸟鼠山位于青藏高原的边缘地带,再往西南走,这种现象就不新鲜了。但这一现象对于从东边平原来的人而言就很新鲜。不过新鲜归新鲜,他们只看到了鸟钻鼠洞的表象,却没有意识到其中的差别,所以就把这座山命名为鸟鼠山了。

第六条路从熊耳山、外方山、桐柏山一直到负尾山。熊耳山和外方山都在秦岭东段,大约在河南省三门峡市卢氏县、洛阳市伊川县一带,桐柏山在河南省南阳市桐柏县,处于河南和湖北两省的交界处。这条路穿越河南西部山区,基本也都处于古豫州境内,是一条南北向的路。

《山海经寰宇全图·中山经北第八》之熊耳山，赵越绘

又西二百里，曰熊耳之山，其上多漆，其下多椶。浮濠之水出焉，而西流注于洛，其中多水玉，多人鱼。有草焉，其状如苏而赤华，名曰葶薴（tíng níng），可以毒鱼。

——《山海经·中山经》

再向西二百里的地方叫熊耳山。山上有很多漆树，山下有很多棕榈树。浮濠河从这里流出，而后向西流入洛河。水中有很多水晶和大鲵。山中有种草，它貌似紫苏却开红色的花，名叫葶薴，能把鱼毒死。

第七条路从嶓冢山一直到荆山。嶓冢山在陕西省汉中市宁强县，属梁州。荆山在湖北省十堰市丹江口市，属荆州。这条路从梁州通往荆州，是一条东西向的路。

荆山晓钟图页，钱穀绘，明代

第八条路从内方山通往大别山。内方山在今湖北省荆门市，属荆州。大别山在武汉，就是今天武汉龟山电视塔所在的那座龟山，也属于荆州。这是一条荆州内部东西向的路。

最后一条路，即第九条路，从汶山出发，经衡山，过九江，最后到达敷浅原山。汶山的汶，读曰岷，汶山就是岷山，当时的人认为这座山是长江的发源地,其实它是长江支流岷江的发源地之一,位于甘肃、四川两省交界处,属梁州。敷浅原山的位置说法不一,但都属扬州。因此这条路从荆州通往扬州,是一条东西向的路。

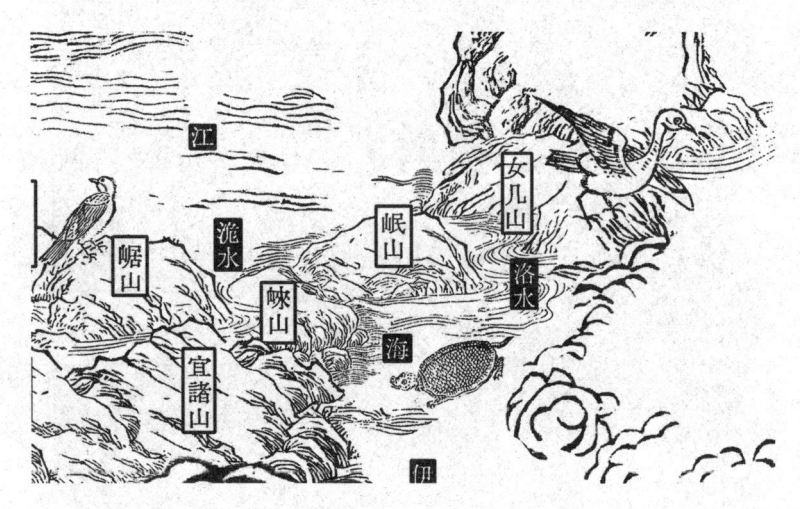

《山海经寰宇全图·中山经中第七》之岷山,赵越绘

《山海经·中山经》记载的第九个山系就是岷山山系,《史记·夏本纪》中的汶山就在其中。《山海经·中山经》云:"又东北三百里,曰岷山,江水出焉,东北流注于海。"这里的"江"指的就是长江,夏朝时,人们认为发源于岷山的岷江就是长江的干流。

道九山，就是通过开山的方式，修建九条山路。这九条山路三纵六横，覆盖、联通九州，而且由于中国中西部多山地、东部多平原，这九条山路明显呈现中西部密度高、东部密度低的特点。道九山的修建标准比不了后来的秦直道、秦驰道，毕竟它不走车，只走人，但它的意义太大了。我们知道，禹划天下为九州，划分依据是大山大河这些天然的地理屏障。这些屏障将完整的土地分割成若干块。从前的氏族部落各自为政，它们的自然边界就是这些山与河。因为山河的阻隔，氏族部落之间的交往受到很大的限制。而夏后禹道九山，从陆路交通的层面，第一次将天下九州联合在一起，这大大延长了夏后氏政治影响力的半径，也降低了氏族部落之间的交往难度。于短期看，它满足了夏后氏的统治需求，因为朝贡制有赖于这三纵六横的陆路交通网。从长期看，它有利于培育华夏集团内部大一统的政治观念。当然，为了实现这样的目的和意义，夏后氏开展的基础建设工程不止这一项。特别是之前提到的那个问题：夏后氏是如何坐在河南省中部，甚至躺在山西省南部就能吃到江苏省的橘子、柚子，吃到淮河里的河鲜的呢？毕竟道九山并没有将华夏中心区与江淮地区相连接。想要解馋，还得看夏朝的另一个大型基建项目——道九川。

道九川，就是疏浚河流，形成九条内河航路。这个工程比道九山上马更早，早在唐尧在位时期，鲧主持治水工作时就已经开始了。由于时代太过久远，地理变迁又非常之大，所以这九条内河航道如今有些还在，有些则淹没在历史长河中，同文献对不上号了，还有些估计消失了。这九条内河航道有四条在黄河水系，两条在长江水系，一条在淮河水系，另外还有两条真实性存疑。一条是"导弱水，至于合黎"。这是河西走廊的一条内流河，或者是今天甘肃西部的张掖河，也可能是流经甘肃高台县合黎山的一条已经消失的古河流。但我为什么说这条河的记载有问题呢？我们都听说过"弱水三千，只取一瓢饮"。严格地讲，"弱水"不是一个词，而是一个偏正短语。"弱"是形容词，"水"是中心词，"弱"指的是水的浮力弱，"弱水"也就是不能载舟的河。我们知道，只要不是咸水，淡水的浮力都差不太多，所以浮力弱无非是因为水浅。因此，但凡是因为水浅而没法通航的河，在古代都叫"弱水"。既然叫"弱水"了，那么它也就不具备通航的能力。因此，"导弱水，至于合黎"的真实性存疑，因为这条河根本不可能成为航道。

第二条存疑的航道"导黑水，至于三危"。这条河的位置众说纷纭，它涉及虞舜朝四罪之乱，四罪之乱平定之后，三苗被迫南迁。史书记载"窜三苗于三危"，所以三危大致在中原华夏集团的西南方向，但具体在哪里，不太好说。因此这条河的地理位置存疑。

除此之外，其他的河流和航道还是可以被比较准确地判断，比如大禹治水的发生地。伊洛河流域的河流通过疏浚后的河道，可以从今天的洛阳地区进入黄河，然后入海。还有江淮地区的物产，可以通过泗水河进入淮河，最后到达淮河的源头桐柏山区一带。到了桐柏山区以后，又可以转上陆路，到达华夏集团的中心区了。江淮地区的水果和河鲜就是通过这样的方式，经水路转运陆路进入中原。

道九川明显充分利用了中国东部地区相对密集的自然河道，再加上人为疏浚河道，从而建立起内河航道系统。在平原地区，则充分利用水流，建立了效率高、成本低的水运系统。这九条内河航道中，除了存疑的两条航道以外，剩余的航道横跨黄河、淮河和长江三大水系，将东部和中部紧密相连，将河流下游与中游的地区紧密相连。道九山的重点在中西部山区，道九川的重点在中东部平原，这是人类在有限的改造自然的能力下，充分利用地形的优势完成的。航道用现成的水道，附加疏浚的人工劳动。山路则逢山开路，且只在必要的地方开凿。可以想象，因为夏朝的路只是便道，不走车，所以这里的开路，更多是开辟，是明确从哪里到哪里应该怎么走。披荆斩棘的情况多，真开山的情况一定居少数。可以说，无论是陆路还是水路，夏朝这两项通达九州的基础建设工程，可谓把人工成本压到了最低。用今天的话说，真是把钱花在了刀刃上。所以对比秦朝修路、隋朝挖运河,我们就会发现,道九山、道九川福泽九州,它覆盖的国土面积大得多,可花的钱却少得多。毫无疑问,夏朝是花小钱办了大事,道九山、道九州对夏朝发展的意义远非秦朝修路、隋朝挖运河可比。从历史就可以看出来,夏朝道九山、道九川的工程完工以后,传国将近四百年,而秦朝和隋朝一个比一个争气,结完尾款就破产了。那么,同样是通路、通水,究竟是什么原因使夏朝、秦朝和隋朝国运迥然不同呢?这其中有什么经验值得总结呢?

夏后禹、秦始皇和隋炀帝都痴迷于基建,可禹成了万古明君,另外两人却成了千古暴君。同样是大兴基建,难道后两者错了吗?首先,他们的决策十分正确,但定位却一点都不对。搞这种特大型工程,要么别着急,要么别求尽善尽美,够用就行。但后二位可能是从小成长的环境太优越了,开启项目的时候腰包太鼓了,所以他们习惯于办大事就要花大钱,下了血本,最后还是不够。好好的买卖,十几二十年就干破产了。他们干的这些工程真是千秋伟业,今天好多地方都还有秦直道的遗址呢,路基过了两千多年依然很平,想想就觉着不可思议,其花费难以估量。大运河就更不用说了,后世王朝全都从中得益,唯独掏腰包的隋朝什么好处都没捞着。所以这就是理想主义和现实主义的区别,秦朝修路、隋朝挖运河是前人种树后人乘凉,前人被活活晒死了。道九山、道九川是日高天热,随手搭个凉棚，自己先凉快着。不过凉棚质量不好，传家就别想了。所以我估计到秦始皇修路的时候道九山、道九川就只剩下文献记载了，更别说现在了。咱什么时候听说过哪座山里挖出了夏朝的栈道，没有吧？这绝不是因为时间太长保存不下来，而是因为当年的工程定位就不高，施工标准本来就很低的，够用就行。所以说，尽管决策相同，但定位不同，工程的命运就不一样。那么，对于当世的王朝、百姓，孰福孰祸，尽在不言中了吧。

这是三者一方面的区别，也是浅层的区别。另外，我认为道九山、道九川还有一个巨大的不同，这可能更是后世王朝兴衰的本质原因。因为无论是秦朝修路还是隋朝挖运河，这俩工程的目的，都是加强中央集权，是为了防止新近才成为帝国末端的那些肢体离大脑太远坏死了，或者干脆不听大脑的命令。这俩工程仅仅相当于两个心脏支架。

秦灭六国，是将秦制强加于六国，除了土地、人口、财富、权力，它从六国还得到了什么？大一统的秦朝从制度上不过是商鞅变法的升级吧？秦朝更像是放大了的秦国，而且它比秦国更蛮横、更傲慢了。我们知道，王子朝奔楚以后，中国的文化中心在鲁、楚，商业中心在赵。秦国占领了六国，但它从鲁、楚得到文化了吗，它从赵得到贸易了吗，不，它拒绝承认六国的文化和智慧，甚至还要焚书，要不遗余力地统一思想，更别说主动汲取什么了。隋灭陈是不是也一样呢？隋朝又从陈朝得到了什么？除了土地、人口、财富、权力，还有吗？也别说，细想想，这个可以有，"商女不知亡国恨，隔江犹唱后庭花"嘛，从陈朝就得了点这个。

我们反观夏后氏，可能有人会觉着，夏代朝贡体系中，夏后氏看上的不也是九州的原材料吗？他就是要把原材料运回来发展手工业啊。对，但不完全是这样。夏后氏除了看上九州的物产，还想要一种比物产更加宝贵的东西。

举个例子，《山海经》里有很多神话反映了动物的驯化。《海经》里就记载了很多华夏民族以外的域外方国，这些方国的国民能够成功驯化动物，并且驱使各种动物。比如《山海经·海外西经》中有个奇肱（gōng）国，这个国家的人能驯服身上有花纹的马来拉车，当时的华夏民族可不会这个。

> 奇肱之国在其北，其人一臂三目，有阴有阳，乘文马。有鸟焉，两头，赤黄色，在其旁。
>
> ——《山海经·海外西经》
>
> 奇肱国位于它的北方。这个国家的人都长着一条胳膊、三只眼睛，这些人的眼睛分阴阳，阴眼在上，阳眼在下，骑文马。这个国家有种禽鸟，长着两个头，红色和黄色相间的羽毛。它总栖息在人的身边。

第五章　大禹和他的部落方国联盟

奇肱国人，蒋应镐、武临父绘，明代

再比如《山海经·海外北经》中有个聂耳国，这个国家的人能驱使老虎。

> 聂耳之国在无肠国东，使两文虎，为人两手聂其耳。县居海水中，及水所出入奇物。两虎在其东。
> 　　　　　　　　　　　　——《山海经·海外北经》

聂耳国位于无肠国的东方，这个国家的人都驱使两只有花纹的虎，他们要用两只手拖着自己的大耳朵。聂耳国孤悬海外，能够看到海里各种奇特的怪物。有两只老虎栖息在聂耳国的东方。

还有《山海经·中山经》中，洞庭山有神人手里攥着蛇。这表明当地人正在驯化蛇。

> 又东南一百二十里，曰洞庭之山……是多怪神，状如人而载蛇，左右手操蛇。
>
> ——《山海经·中山经》
>
> 再向东南一百二十里的地方叫洞庭山……这座山中还有很多奇怪的神，他们貌似人却身盘蛇，左手、右手各攥着一条蛇。

《海经》中还有十多个域外方国的国人具备驱使老虎、豹子、棕熊的能力。这三种动物都是独居动物，独居动物的社交系统中没有领袖的概念，所以它们特别难驯化。而群居动物就不同了，群居动物因为在自身的社交系统中天然服从领袖，所以人只要将自己变成群居动物的领袖，驯化就成功了。当时，华夏民族只能驯化群居动物。而驯化独居动物，则代表了最高超的动物驯化能力。《山海经》中这些怪诞的描述，其实只是在以神话的形式记述这些域外方国高超的动物驯化能力。

作为《山海经》的原作者之一，游历九州的夏后禹一方面对自身华夏文化怀有强烈的自信，当然，这种自信是强大的国力所支撑的，但同时，当他们看到其他方国，乃至远远落后于自己的四夷具有高超的动物驯化能力的时候，仍然是艳羡不已的。这说明，初生的华夏文化因自知而自信，但同时，它一点也不傲慢，它迫切地学习一切先进的认知和改造世界的能力。

因此在历史上，《山海经》的作者们，最初游历世界的华夏人，将这些先进的动物驯化技术一一记录下来，并且试图把它们带回华夏集团。在大禹治水以后不到一两个世纪，我们就会看到"奚仲造车""相土作乘马""亥作服牛"这样属于华夏民族的驯服野马、驯服牛拉车的典故一个接着一个地出现。这就是道九山、道九川输送回来的另一种东西，是除了土地、人口、财富、权力以外的，除了用于发展手工业、发展青铜冶炼业、支撑夏后氏统治和发展的原材料以外的，夏后氏从九州得到的同样宝贵的东西。所以说，统一的确都是统一，但有高级与低级之分。高级的统一不仅需要文化自信，更需要一双谦逊而冷静，能够在"残渣""糟粕"中发现美的眼睛。低级的统一就简单了，只做到政治、经济、军事这种强力因素的优胜劣汰就足够了。

因此，基于工程本质上的差异，基于最高决策层的心胸和诉求，秦朝和隋朝完全没有或者基本没有建立与新基建相匹配的新制度。他们太傲慢了，根本就不想建立新的制度。落到最现实的层面，他们斥巨资兴建规模如此大的交通网，却没有建立与之匹配的经济制度，这会导致什么最直接的问题呢？这等同于中央政府只出血，不回血，或者是出血如溃坝，回血如蒸发，那谁受得了呢？反观道九山、道九川，它们巩固了夏后氏的统治，增强了禹的个人威望，并形成以夏后氏为中心的政治格局。而且更重要的是，夏后禹建立了如此庞大的交通网络，从而确保了朝贡制度能够运行起来。由于这个崭新的朝贡制度的运转，夏后氏不仅没有因为基建的投入而根基动摇，不仅没有赤字，反而还获得了巨额的盈余。而且这种盈余，还是以青铜文化替代石器文化的方式表现出来。

由此可见，夏朝这个新兴的王朝出道即巅峰，绝不是没有道理的。不过，中国有句古话：来而不往非礼也，还有句俗话：强迫不成买卖。夏朝的巅峰依赖于朝贡，可诸侯们年年白送礼，他们傻吗，既然不傻，那究竟是什么驱使着他们把最好的贡品进献给夏后氏呢？

职贡图，唐代，阎立本绘

《职贡图》为番邦及接受中国分封的少数民族首领向中国

皇帝进贡的纪实图画。画上人头攒动,人们着装各异,手里拿的,肩上扛的,二人抬的,好东西应有尽有,场面热闹非凡。

4. 权力质量认证:夏后氏的分封制

有这么一句话,只要是中国人就都知道,它出自《礼记·曲礼上》,云:"往而不来,非礼也;来而不往,亦非礼也。"(送礼不收礼,不合礼;收礼不回礼,也不合礼。)我向你朝贡,你收了贡品,总得给我点儿什么吧?否则一方老占便宜,一方老吃亏,这样的事儿实在长久不了,那朝贡也就休想制度化了。汉语很神奇,"贡"这个词有个反义词,那就是"赐"。有贡上,就必有赐下。

那么,君主、朝廷对朝贡者的赏赐是什么呢?历史上有两种形式。一种是"投之以木桃,报之以琼瑶",你向我进贡一块钱,我赏赐你十块钱。以炫富为手段,不以炫富为目的,朝廷通过这种"贡"和"赐"之间的巨大差价彰显自身雄厚的经济实力,从而扩大或者稳定自己对诸侯的政治影响力。当然,想要这么干,前提是中央政府必须有钱,因为如果想要政治上加分,经济上就得亏本,而且必须是血亏。如果亏的只是毛毛雨的话,反倒适得其反。所以我们看唐朝的朝贡体系是如何维持的呢?安史之乱就是一道分水岭。安史之乱以前,唐朝国力强盛,家底富裕,所以朝廷明知道朝贡贸易亏本,仍乐此不疲。安史之乱以后，唐朝元气大伤，没钱做亏本买卖了，朝贡贸易便一蹶不振，市舶贸易方兴未艾。

除了变相给钱以外，还有另一种赏赐的形式，就是给权，或者是给行使权力的合法性。这种形式其实更常见，这就是封建——分封土地，建立国家。君主将土地和人口赏赐给兄、弟、子、侄，赏赐给功臣、外戚，这些人在自己的土地上建立小的国家，然后再向君主朝贡。比如西周的鲁国，是武王弟弟周公的长子伯禽建立的国家，再比如西周的姜氏齐国，是姜太公辅佐武王灭商后受封的国家。这种分封是我们最熟悉的一种，它本质上是一种政治分红。因为战争，旧的领主逃跑了，或者被消灭了，所以这是新政权对自己刚刚掌握的新土地，也就是无主领土的处置。

康侯方鼎，西周早期

这是一件西周初年的四足方鼎，四面外壁装饰着简化兽面纹，腹壁中央及四角又加附凸起的棱脊，圆柱形的四足上装饰有蝉纹，气象森严，纹饰相对简约。腹内壁有铭文两行，共六字，为"康侯丰（封）作宝尊"。

"封"是周文王第九子、武王幼弟的名字。牧野之战以后，封被分封到康地，爵位在侯，故称康侯。成王即位以后，改封叔父康侯于卫，故史书又多称之为卫康叔。据此判断，这件方鼎应铸造于武王在位期间，是康侯自作陈祀于宗庙的礼器。

清乾隆三十四年，乾隆帝颁赐国子监周笵十器，这个方鼎就是其中之一，名曰"周康侯鼎"。康侯方鼎就是周武王分封康侯的实物证据，这种分封就属于对无主领土的处置。

历史上还有一种分封。翻阅古籍时，你可能会发现有一种诸侯国，它的开国之君既不是当朝天子的亲戚，在新王朝的建立中又寸功未立。比如东方有个小国叫薛国，它历经夏、商、周三朝。这个国家的都城就在今天山东省枣庄市滕州市一带，它的开国之君就是"奚仲造车"的那个奚仲。奚仲的后代和商、周的王室没有血缘关系，它对商、周的建立也没起到什么实质性的帮助，但商、周一直分封他的后裔，承认他的后裔对薛国的统治。这是为什么呢？其实很简单，假设你是商王，或是周天子，你建国之前，这块地方早就被人占了，听说你建国了，人家提着礼物来道喜，你说你怎么办呢？人家礼送得不少，要求还不高，只求你这个新老大能跟原来的老大一样待他，他该给的孝敬也一点不少。你说你会怎么办？抛开"举手不打笑脸人"的场面问题，即便你真的看上了人家的土地和人口，但是一则这种诸侯国离你的政治中心区比较远，你打下来以后，未必真有长期管理的能力；再则，即便你有这个能力去夺取并控制一个小国，你会为了这一个小国的利益令天下诸侯唇亡齿寒吗？天下小国的默许和支持是你成为天下共主的前提条件。毕竟在部落方国联盟式国家的框架和历史时代中，没有一个政治实体能够对天下实施有效的管理。所以说，这就形成了另外一种形式的分封，它针对的是更多的有主领土，是对既成事实的一种认定。对于新的天下共主而言，你并不是直接把权力赏赐给别人，因为权力本来就在人家手中，你只是赏赐给他在新的王朝中继续行使其手中权力的合法性。

所以，我们说上古的分封，包括秦朝以后楚汉战争中的分封，其实都是两种形式并存的分封制。这两种分封虽然都叫分封，但性质是截然不同的。西汉初年诸吕之乱被平定以后，"异姓王"彻底退出历史舞台，在大一统的帝国内部，就不再存在认定既成事实的分封制，而只有处置无主领土的分封制了。秦灭六国后，到公元前209年，秦二世又废卫君角为庶人，中国九州范围内就再也没有夏、商、周时期遗留下来的封国了。而且，秦朝以后，交通体系、官僚体制等各方面因素的建设已经能够让中央集权的国家机器运转起来了，所以之后的王朝也根本不可能允许还存在前朝遗留的政治势力。所谓"卧榻之侧，岂容他人酣睡"。

魏率善氐邑长铜印，魏

此印驼钮铜制，印文为三行六字篆书"魏率善氐邑长"。氐是秦汉至北朝间中国北方的蛮族，是西晋时的"五胡"之一。魏文帝黄初元年（220年），封氐族酋长杨千万为百顷王，其后数世受封，北魏宣武帝时将之消灭。"率善氐邑长"就属于帝国认定外部既成事实形式的分封。

晋率善氐佰长铜印，西晋

此印驼钮铜制,印文为三行六字"晋率善氐佰长"。"佰长",即百人之长,介于率千人的"仟长"和率十人的"什长"之间。"率善"就是循规向善,言归附、臣服之意,是魏晋、南北朝时期正统王朝对归附自己的蛮夷、外族的褒扬,与后来隋唐时期的"归义"同义。两汉、魏晋时,凡外族归顺朝廷者,朝廷都会按照其原本的官号颁赐官印。这也是属于帝国认定外部既成事实形式的分封。

当然,这是在帝国内部,而如果换到外部,情况刚好要反过来。因此,秦汉以后再说分封,帝国的外部又不可能存在处置无主领土的分封制,而只能去发展认定既成事实的分封制。这种分封其实就是册封,它逐渐演化成为后来常见的藩属关系。藩属关系依靠什么来维持呢?就是前面提到的"你向我进贡一块钱,我赏赐你十块钱"的经济手段,也就是说,要靠血赔的朝贡体系去维持了。

分封制是上古时期最重要的政治制度,所以在正式进入这个话题之前,我就先简单地勾勒一下分封制的大致情况。分封制在夏、商、周三代经历了一个发展、衰落和消亡的漫长过程,因此我们按时段来讲述。下面就先谈一谈夏朝的分封制,即分封制的萌芽阶段。

世界上任何一种制度,一定是为了维护某些东西的正常运行才诞生的，所以想要理解分封制，首先就应该了解它维护的对象是谁。当然，我们都知道它的确是由朝贡引发出来的，而且夏朝的分封制客观上也确实保障了以夏后氏为中心的朝贡体系的正常运转。但是，如果我们只是简单地把朝贡当成分封制要维护的对象，那这样的认知就太浅显了。分封制之所以堪称上古最重要的政治制度，是因为它根本的维护对象是中央与地方的关系，而朝贡制只是分封制的一种政治附属品。

我们知道，中国古代的国家和欧洲古代的国家不太一样，上古以后，几乎没有城邦式的国家。所以哪怕在很小的割据政权内部，也会存在中央和地方的关系。那么，如何从制度层面去协调二者的关系呢？从本质上看，有两种不同的方式。一种是王权与治权相互脱离的方式，这就是上古中国普遍采用的分封制。另一种方式，是王权与治权相与为一的方式，这就是秦汉以来中国一直延续的郡县制。本质上，一切王权与治权脱离的制度都是分封制。同理，一切王权与治权相与为一的制度也都是郡县制。魏晋南北朝的州郡制、唐朝的道制、宋朝的路制、元朝的行省制等，只是行政单位的层级在变，其本质没有变。

站在宏观的历史角度看，以中央和地方的关系作为一个单独的视角、一条单独的历史线索，那么，西周初年三监之乱被平定就标志着中国分封制度化的巅峰。这个时期，分封制与宗法制互为表里，达到了制度的顶点，之后，分封制的弊端日益显露，实质上开始走向消亡。到了秦朝，又是一个分水岭。分封制彻底被郡县制取代。为什么？因为周代的历史证明，分封制有一个代际权力世袭的半衰期，一旦到达这个半衰期，国家将不可避免地陷入割据战争的泥潭，从而在内部瓦解旧王朝的统治，因此分封制会被郡县制取代。秦朝这道分水岭的起点在商鞅变法。但问题在于，郡县制虽然从理论上避免了割据战争，可事实并不是这么回事。回顾中国历史，我们会清楚地看到，夏朝享国将近五百年，商朝超过五百年，周朝最长，将近八百年。而此后的王朝，最长者汉朝，超过四百年，唐朝不到三百年，宋朝三百多年，其余则更短。从最直观的数据看，郡县制王朝的寿命不仅没有因郡县制而延长，反而缩短了。最重要的一点是，它也完全没能帮助这些王朝逃出割据战争的宿命。

那么，问题出在哪里？问题是出在制度本身，还是制度所根植和保护的社会土壤里呢？带着这样的思考，带着这样一条贯穿中国古代史始终、中央与地方关系的重要线索，我们回到这个问题的原点，回到分封制的滥觞时代，看敢为天下先的夏后氏是如何在这张白纸上写下第一个答案的。

首先，我们来看第一个问题，即关于夏朝的分封制是否存在的问题。夏朝有没有实施分封，这其实是一个有争议的话题。有人认为分封制完全就是西周的制度，夏朝连封国都没有，更谈不上分封制。我认为这是不可能的。因为分封制的根本维护对象是中央和地方的关系，那么从国家诞生的那一刻起，只要这个国家走的不是城邦国家路线，而是地域国家路线，它就一定存在中央和地方的关系。这种关系在部落方国联盟式国家内部，必须由分封制来协调。因此国家诞生了，分封制也一定随之诞生了。无非是协调的力度、影响力施加的效果有差异。

况且，商朝有封国，这一点毋庸置疑。商王武丁就分封了几十个封国，殷墟的甲骨刻辞和晚商的金文都可以证实。殷墟甲骨文有杞侯、竹侯、应侯、多伯、告子等称谓，这表明商代也有爵位了。既有爵位，又有封国，说明商朝已经完成了分封的制度化。罗马不是一天建成的，制度也不是凭空出现的，商朝是分封制发展的时代，西周是分封制鼎盛的时代，所以夏朝理应是分封制萌芽的时代。只不过关于夏朝分封制的直接文献记载是缺失的，因为夏朝的历史大多以传说的形式呈现，过于虚无缥缈。但是，这并不妨碍我们从侧面去勾勒夏朝分封制的一些大体特征。

首先，我认为夏代分封制主要是对既成事实的方国给予权力的认定。《山海经》中记载了很多方国，由于《山海经》的成书缘起是大禹治水之后的国土资源考察活动，所以书中的方国大多应与夏后氏处于同一时期。

百苗图苗蛮图说（五·局部），佚名，清代

古三苗国被认为是现代苗族的远祖。

比如三苗，虞舜朝的四罪之一，禹伐三苗，迫使三苗南迁。可见三苗与夏后氏同时代，南迁理应是接受了夏后氏的分封。《山海经》特有的人文始祖帝俊很可能是《史记·五帝本纪》中的帝尧陶唐氏。《山海经》的记载是，帝俊与羲和的儿子禹号生下了淫梁，淫梁又生了番禺，番禺则生下了奚仲，奚仲又生下了吉光。奚仲、吉光父子正是之前我说过的国都在山东滕州的薛国的第一代、第二代国君。既然奚仲是尧的四世孙，那么根据时间推算，薛国最初可能也是由夏后氏分封的。另外，《山海经》中有很多夷狄，称之为某某之国，比如聂耳之国在海南，肃慎氏之国在东北。

肃慎之国在白民北，有树名曰雄常，先入伐帝，于此取之。

——《山海经·海外西经》

肃慎国位于白民国的北方，这里有种树，名叫雄常。一旦有圣人成为君王，这里的人就会用雒棠的树皮做衣服。

三棱骨制箭镞，肃慎国

再比如巴国，根据《山海经》的说法，巴国的始祖后照是大皞的四世孙，而大皞就是太昊，这里的太昊，有可能是太昊伏羲氏，但同样有可能是帝喾高辛氏。郭沫若先生曾经对商朝的氏族契有一个论断，认为契称少昊，帝喾称太昊。如果说巴国的始祖后照是帝喾的四世孙，那按照时代去推算，巴国的开国始祖也可能接受了夏后氏的分封。《山海经·海内南经》中还指出，第二代夏后启的臣子孟涂曾经受启的指派前往巴国，管理巴国。

夏后氏之臣曰孟涂，是司神于巴。

——《山海经·海内南经》

这相当于夏后氏在分封巴国的同时，还向巴国派出了一位司法官。而这位孟涂在卸任巴国职务以后，又被分封到了今天的河南省焦作市孟州市。孟州正是得名于夏、商、周三代建国于此的孟涂国。由此可见，孟涂国也是夏后氏的封国。这样的例子还有很多。总而言之，这些方国事实上已经被纳入夏后氏的朝贡体系了，它们肯定也接受过夏后氏的分封。

认识了分封的目的或者说分封制度化的历史必然性，又发现了一批散落于各种文献中的封国，我们就可以讲，夏朝分封制的存在已经能够证实了。但是我认为，夏朝分封制虽然存在过，但并不稳定持续。夏朝规模化的分封制更有可能只存在了很短的时间，或者说，以夏朝近五百年的历史来看，分封制的推行实际上是有断续的。夏后禹在位的时代，凭借他个人的威望，夏朝的分封达到了空前的规模。他驾崩以后，夏后氏的影响力衰退，夏朝的分封制在此后四百余年的时间中，可能只在少康中兴，以及少康的继任者季杼所在的几个少数的历史时期内有过恢复，并且达到了禹在位期间的规模，更多时候可能只限于山西南部至中原的华夏集团内部，主要针对除夏后氏之外的另外十一个姒姓贵族统治的封国。

其实这一点，我们可以从以二里头遗址为中心的二里头文化的考古中得到印证。

二里头文化不只是一个物质文化上的共同体，还是一个分级统治的政治实体。随着二里头文化从核心地区向周边迅速扩张，它在五千九百平方千米的伊洛河流域内，形成了由一个大中心主宰许多个小中心和村庄的模式。这个大中心，当然就是夏后氏领地，对应的是中央，而小中心就是其他姒姓贵族的封国，对应的就是地方。而早前，新石器时代晚期的情况是什么样的呢？那个时候，是一群互相竞争的小型政体并存的格局。而这种大中心主导小中心的格局，对应的正是夏后氏通过分封制协调中央与地方的关系。

因此，我们说夏朝的分封制的确是一个重大的制度进步，但它也有巨大的局限性。一个是上文提到的，夏朝在夏后禹驾崩以后，其政治影响力的半径其实非常有限，可能只能辐射到中原伊洛河流域到山西南部这一带。若真如此，它分封的规模是很小的。夏朝享国将近五百年，虽然是一个正统王朝，但以上古以后的视角来看，它所能够施加影响力去掌控的国土和人口，在很长一段时间里只能够得上一个区域政权。因此，夏朝真的更像是分封制的一块试验田。且无论实验的最终结果如何，它都没有长期有效地大规模推广分封制的能力。另一个问题是，夏朝的分封是不成体系的。我们知道，西周的分封，不论是公、侯、伯、子、男，还是侯、甸、男、采、卫，都是有爵位的，而且爵位之间有层级。这种管理看起来就很先进了。在商朝，有侯、伯、子这样的爵位，但爵位之间没有层级。而至于夏朝的分封，最多见到有伯、侯，但完全没有证据表明它有足够种类的爵位和爵位之间的层级差异。当然，这很可能还是受限于它的规模。

芮公壶，西周晚期至春秋早期

第五章　大禹和他的部落方国联盟

该壶形体椭方，直颈，鼓腹，圈足外撇，近底处起台，器盖捉手及圈足饰鳞纹，器颈饰波曲纹，器腹正中为吐舌状龙首，双尾向两侧展开。铭文在盖顶，两行共八字："内（芮）公作铸从，壶永宝用。"芮公，爵位在公。

此器有六字铭文："蔡侯产之用戈。"铭文采用镶嵌金丝的虫鸟篆书写，分别位于戈的援部及胡部。铭文与夔龙装饰结体为似龙似鸟的美术字体，呈现出春秋晚期至战国初期蔡国鸟虫书的典型特色。蔡侯，爵位在侯。

蔡侯产戈，春秋晚期

夆（páng）伯甗（yǎn），西周

甗，原本是烹饪用的炊具，商周以后成为礼器。它由上部用以盛放食物的甑（zèng）和下部用以煮水的鬲组成。中间是有孔洞的箄（bì），可供水蒸气通过。最底部是高足，可供烧火加热。夆伯，爵位在伯。

085

以上就是夏朝的分封，它以断续的形式、懵懂的意识和闪闪发光的灵感给予后世王朝无限可期的未来。夏朝的分封制尚处于萌芽状态，到了商周才发展为完全体，特别是到了周公主政的时候，那才是分封制真正大放异彩的时代。

5. 明刑弼教：中国法治思想的开端

熟悉中国古代史的朋友肯定都知道，中国古代君王、古代政治素来讲究表里不一，也追求表里不一，而儒家和法家的互为表里正符合这种思想。后人称之为外儒内法，明儒实法，霸王道杂之。可能很多人会认为，儒家和法家诞生于春秋战国百家争鸣的时期，所以外儒内法的政治指导思想也理所当然地起源于春秋战国，是秦汉以来中国古代政府的主流政治文化。但这种观点其实是错误的，儒家和法家虽然形成于春秋战国，但外儒内法的政治文化却完全可以追溯到虞舜朝至夏朝建立之初的一件大事。这件事同样是上古中国最伟大的进步之一，它就是明刑弼教，是中国法治思想与法制建设的开端。

成语"明刑弼教"，出自《尚书·大禹谟》："明于五刑，以弼五教，期于予治"。就是用刑罚晓喻百姓，使百姓都知法、畏法而守法，从而维护道德教化，来实现道德教化所无法实现的效果。事情的过程也很简单，就是制定刑罚。当然，刑罚不是刑法，一字之差，千里之别。

关于这个事件，有三个问题：第一，明刑弼教是政府行为，但究竟是谁向政府提出了这个倡议，谁才是明刑弼教的实际推动者呢？第二，明刑弼教的主要目的和对象是谁，或者说，明刑是在向谁明刑，弼教又弼的是什么教？第三，国家不是一天有的，法制思想更不可能是一天萌生的，但明刑弼教还分明就是从这一刻开始的，这就好比一个人睡醒了但是没睁眼，我们不关心他什么时候醒了，我们要关心一下他为什么忽然就睁眼了。接下来，我们就从这三个视角来重新认识夏朝历史中这段大众熟悉的历史事件。首先，我们要了解一下明刑弼教的实际推动者，中国第一名臣——皋陶（gāo yáo）。

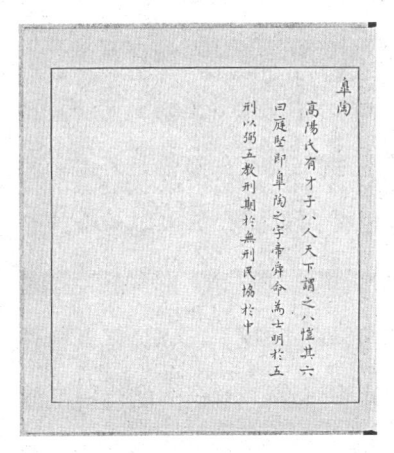

历代帝王圣贤名臣大儒遗像·皋陶，佚名，清代

东汉思想家王充评选古圣大德，他认为五帝、三王、皋陶

和孔子，都是圣人。

    五帝、三王、皋陶、孔子，人之圣也。

              ——《论衡·讲瑞》

  五帝我们知道，就是上古帝王中的佼佼者。三王，这里指的是帝尧陶唐氏、帝舜有虞氏和夏后禹，皋陶和他们三位同时代。而孔子更不用说了，后世的读书人推崇孔子，尊为万世师表。那么问题来了，皋陶何德何能，能和同时代的尧、舜、禹并称圣人？关键是，他还跟孔子并称圣人，孔子可是万世师表，读书人永恒的彼岸。皋陶算什么，他也是彼岸吗？

  其实，如果按照古人所说、所吹捧的，皋陶还真就是孔子之外的，中国思想界的另一个彼岸。《论衡》里，王充还讲过这样一个关于皋陶的故事：皋陶在世的时候，有一种神兽名叫獬豸（xiè zhì）。獬豸浑身黑色，四条腿，长着羊一样的脸和一个犄角。它能明辨曲直，能够知道谁有罪、谁冤枉。凡是遇到有罪之人，獬豸就会用犄角把罪人顶翻。所以，皋陶担任士，也就是当时的国家司法官员的时候，他总是跪着侍奉獬豸，每次判决之前，如果对案情有疑问，他就放出獬豸，让獬豸用犄角把坏人给顶翻了。于是，天下都没有冤情了。

第五章 大禹和他的部落方国联盟

> 獬豸者,一角之羊也,性知有罪。皋陶治狱,其罪疑者,令羊触之。有罪则触,无罪则不触。斯盖天生一角圣兽,助狱为验,故皋陶敬羊,起坐事之。
>
> ——《论衡·是应》

这个故事当然是神话传说了。皋陶躲在神兽獬豸的身后,象征着皋陶断案公平公正。我们在电影里常常能看到,英国的法官戴假发,而香港保留英国司法传统,因此香港法官也戴假发,而在古代,秦朝、汉朝的司法官员,如御史大夫、监察御史等,也会戴法冠,这个法冠就叫獬豸冠。今天的法院门口,几乎没有摆石狮子的,摆的都是一个石雕独角兽,这个独角兽就是獬豸。可以说,獬豸是中国司法领域独有的视觉文化符号,这个符号就来自刚刚我说到的皋陶利用獬豸断案的神话故事。当然,世上本没有神兽獬豸,人们神化獬豸,不过是为了讴歌獬豸背后的皋陶,不过是希望拥有除孔子以外的另外一种可能性。所以从这个意义上讲,古人口中的皋陶的确是一个圣人。

但是,以上这些只是古人口中的皋陶,是神话中的皋陶,既不是历史中的皋陶,也不是那个推动明刑弼教的皋陶。那么,历史中的皋陶是谁呢?

皋陶名繇(yáo),采邑在皋城,这个地方位于今天的安徽省六安市,在涂山会盟里的涂山正南偏西一百多千米。他因

089

为被分封在了皋这个地方，所以就以皋为氏，被称作皋陶。关于皋陶的出身，历史上没有明确的记载，但据《史记正义》引《帝王纪》的记载，他出生在曲阜，也就是今天的山东省曲阜市，与孔子是老乡。当然，当年曲阜还没有被分封，还是东夷集团的政治中心区，所以皋陶是一个东夷人。皋陶可能在唐尧朝就已经开始入朝为官了，但他真正的发迹，我认为很可能直接得益于他的老乡——帝舜。舜也是一个东夷人，他出生在今天山东省潍坊市诸城市，而且舜在为官之前，躬耕于历山，捕鱼在雷泽。舜发迹以前的行动轨迹都在东夷。结合皋陶在舜掌权以后"火箭"般的升迁速度，我认为皋陶很可能在舜还是布衣的时候就认识他了。

舜取代尧成为天下共主以后，立刻任命皋陶作士，也就是国家的司法官员。禹取代舜以后，皋陶继续在士的岗位上任职。根据《史记·夏本纪》的说法，禹甚至将他视作夏朝的第一继承人，想要把夏后的位置禅让给他。但可惜他在禹驾崩之前就先亡故了。当然，禅位的说法又是无稽之谈，后续讲到禹传启的问题时还会再说。总之，皋陶是一个东夷人，他大约出生在唐尧时代，可能在唐尧朝已经做过小官，但因为早年和舜相识，为舜所信任、倚重，因此在虞舜朝被委以重任。后来，到了夏朝，禹也仍然信任、重用他。这些就是皋陶的基本履历，他是明刑弼教的实际推动者，而他推动明刑弼教的行为其实在虞舜朝就开始了。在介绍他履历的同时,我想顺便也提一下近年来史学界关于他的争议。其实皋陶的身份没什么争议,就是刚刚我介绍的这些。有争议的地方在于他和伯益的关系。

伯益就是大禹治水时的助手,是夏朝初年的国家执政官。目前有三种观点,一种观点认为皋陶就是伯益。有个典故叫"伯益作井",就是说伯益在治水期间,顺道儿发明了打井。我个人认为这个故事非常符合历史规律,这完全不同于"奚仲造车""嫘祖缫丝",这种是把集体创造归到领导一个人名下,大禹、伯益这批人真的不是普通官僚,他们绝对是实打实的水利专家,否则道九山、道九川根本是实现不了的。因此伯益发明打井一点也不奇怪。而且考古上还真有相关的发现,基本同时期的龙山文化就出现了中国最早的人工井。伯益作井的传说为什么可以支持"皋陶就是伯益"这个观点呢?因为有人认为"皋陶作刑"和"伯益作井"根本就是一回事,或者说压根儿就没有什么"皋陶作刑",只有"伯益作井"。"刑"和"井",两个字的声音相近,一音之转。也就是说,原本只是伯益发明了打井,但夏朝时又没有相应文字,所有历史只能口口相传,结果这个传说传着传着,就传成了皋陶发明了刑罚。

还有一种观点认为,皋陶跟伯益同出于东夷,也确实同处于一个时代,但皋陶明显要比伯益年龄大,说他们俩人是同一个人不合适,但说皋陶是伯益的爸爸就比较合适了。另外在古代社会，父子同朝为官是很正常的一件事。之前介绍过，根据《史记·秦本纪》的记载，伯益的爸爸叫大业，所以持这种观点的人干脆认为皋陶就是大业。

当然，还有第三种观点。第三种观点其实就是不承认上面的两种观点，认为皋陶跟伯益没关系，皋陶就是皋陶，伯益就是伯益，他们只是同样出自东夷，但没有血缘关系。我个人认同第三种观点，其实理由也比较简单，谁主张谁举证。说皋陶和伯益有血缘关系，或者说他们根本就是同一个人的理由并不充分，所以我只能认为他们就是两个人。

以上便是与皋陶有关的争议。接下来，我们还是来看明刑弼教这个历史事件：明刑弼教的目的是什么，对象又是谁？

根据《尚书》的说法，所谓明刑弼教，明确讲就是明于五刑，以弼五教。明刑明的是五刑，弼教弼的是五教。以五为数，这个我们很熟悉，是五行学说遗留下来的文化风俗。所以所谓的五刑，是一个比较笼统的说法。通常来说，上古讲的五刑分别是墨、劓（yì）、刖（yuè）、宫和大辟，隋朝以后基本变成了笞（chī）、杖、徒、流和死。这里简单介绍一下。

先说旧五刑。首先是比较轻的刑罚——墨。墨就是在人的脸上或者身上刺刻符号或字，然后再涂上墨或者其他颜料，好让它成为永生耻辱的印记。有人说，这不就是刺青吗？对，就是刺青，只不过是刺坏了的刺青。其实墨刑最初不是刑罚，

第五章　大禹和他的部落方国联盟

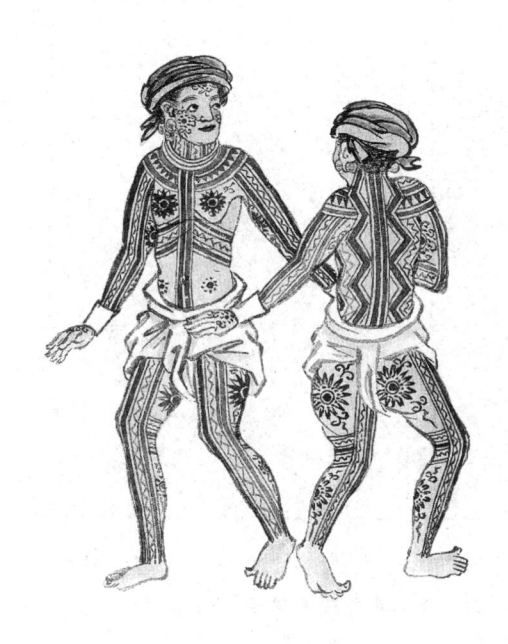

《谟区查抄本》之有文身的异族人，1590年。

《谟区查抄本》是一份绘制于1590年的插图手稿，其内容很可能受到了明万历年间《山海经》插图的影响。

而是华夏民族之外某些夷狄部落的原始崇拜遗留物。比如《山海经·海内南经》中有一个雕题国，《礼记·王制》中也讲到："南方曰蛮，雕题交趾，有不火食者矣。"（住在南方的叫蛮人，他们额头上刺着花纹，走路时两脚拇趾相对而行，其中有不吃熟食的人。）交趾国我们之前提到过，位于越南北部，归属中央王朝后设交趾郡、交趾刺史部，古人认为这里的人遗传大脚骨，所以叫交趾。至于雕题国，题就是脑门子，雕就是雕刻。脑门子怎么雕刻呢？其实是雕刻脑门上的皮肤，然后用朱砂和青涅染色。当地人把这一做法视作荣耀，因为这不是想雕就能雕的，但华夏人认为这简直太野蛮了，看着就吓人。

《水浒全图》(清光绪时期广东臧修堂刊本)之宋江

《水浒全图》(清光绪时期广东臧修堂刊本)之安道全

要说墨刑有多疼,那也不至于,毕竟再疼也就是一下,但它惩罚的是你受刑以后的整个人生,是人为给你日后的社交制造巨大的障碍。历史和文艺作品中,受墨刑的人不少,比如《水浒传》里许多好汉都受过墨刑,在第七十二回中,神医安道全还用秘制毒液给宋江洗刺青。为什么要洗呢?就是为了帮助宋江建立或回归正常的社交圈。历史上,受墨刑的人也很多,比如秦末楚汉战争时期名将黥(qíng)布,其名本为英布。因为早年坐罪,受了黥刑,干脆被人称作黥布。黥刑就是墨刑。其实这件事情格外戏谑,明刑弼教的实际推动人是皋陶,皋陶姓偃,他在夏后禹还在世的时候就过世了。禹念及他的功勋,就将他的后代分别分封在了英和六这两个地方,也就是英国和六国。当然了,英国不是英吉利,六国也不是齐、楚、燕、韩、赵和魏。英和六这两个小国是挨着的,都在今天的安徽省六安市,英在六的西边,而六就是秦朝的六县。当然现在的六安这一地名的来源也就是当年的六县和最初的六国。这件事为什么戏谑呢?因为皋陶的两支后裔就此形成了偃姓的两个氏族,偃姓英氏和偃姓六氏。而我们说到的英布恰恰是偃姓英氏。明刑弼教的头一个刑罚就是墨刑,这等于是老祖宗引进的刑罚通过用在自己后世子孙的脸上名垂青史了。这隔代灭亲的大义,是不是有点戏谑?

五刑之二——劓刑。"劓"是一个典型的会意字,甲骨文就有这个字了,左边一个"自己"的"自",也就是"鼻"的基本构件,"自"就是鼻子,右边一把刈(yì)刀。这个字的构形完全说明了它的字义,就是用刈刀把鼻子给削下去。盘庚迁殷是殷商史上一个非常重要的历史事件,就是商王盘庚迁都于殷,也就是河南安阳的殷墟。当年他迁都以后就下诏书,抓住那些不仁不义的坏人,还有黑恶组织,罪行重的杀,罪行轻的施以劓刑。以后在首都但凡见着没鼻子的人,不用问,直接轰出去。劓刑其实跟墨刑差不多,都是重在让受刑之人永远无法融入社会,一时受刑,终身受辱。不过,它是墨刑的升级版,毕竟削鼻子这事真的挺痛苦的。所以,随着法治精神的深化，汉朝以后，衙门基本就不会真去执行劓刑了。等到隋朝以后，刑典里干脆把它彻底除名了。

五刑之三——刖刑。刖刑相对复杂一点，有多种形式。比如，用锯子把人的左脚锯下来，这叫刖；用锯子把人的右脚锯下来，这当然也叫刖；那么用锯子把人的两只脚都锯下来，这叫不叫刖呢？当然也叫刖。另外，如果用刀削掉人的膝盖骨，也就是膑骨，人同样站不起来了，这还叫刖。总之，刖是在人的腿上做文章。这就是迫害肢体了，使人残疾，生活不能自理。战国时的大军事家，《孙子兵法》的作者孙膑本名叫孙伯灵，他被称为孙膑就是因为受了膑刑，也就是刖刑的一种，这就跟英布叫黥布是一样的。所以，刖刑的别称有很多，比如，在夏朝称膑，在商朝可能叫剕（fèi），现在通用的刖其实是西周的叫法，等到了秦朝又叫斩趾，再以后叫什么呢？再以后都是文明人了，不兴用这么残暴的刑罚了，所以废除了。因此，大家可以感受到，其实汉代真的是中国司法文明的一个转折点，上古和暴秦的很多酷刑都被汉朝人取缔了。有人问，秦朝果真如此残暴吗？暴秦历史形象的树立者是汉代的统治者，他们树立暴秦形象是为了确立自己的政治合法性。这一点我不否认，但汉朝人也确实有骂秦人的资本吧？毕竟汉人的确比秦人文明得多。

五刑之四——宫刑，这个无须多言。

五刑的最后一个是大辟（pì），也就是死刑，但过程非常惨烈。宋朝人王键有一本名为《刑书释名》的刑法学著作，据他研究，周朝的大辟有七种执行方式。用斧钺这类的武器砍死，砍哪儿没说，砍几下也没说；用刀在人多的地方当众杀了，这叫弃市，一直用到清朝；扒掉衣服，然后把人大卸八块，我们比较熟悉的凌迟就是由这种执行方式发展而来的。周朝刽子手的手艺还不行，也可能是还没有铁器，刀、剑的锋利度不够，所以只能做到大卸八块；用火烧死，西方人在中世纪喜欢搞这一套，中国古代用得少；车裂，俗称五马分尸，这种酷刑知名度最高，商鞅就是这么死的；最后就是找个没人的地方偷偷勒死，这种执行方式估计是秘密审批吧。总之，都是死刑，区别在于如何执行。

以上是旧五刑，历史悠久，非常残忍。而新五刑相对旧五刑就文明得多了。笞，是用竹板或者荆条抽打后背或屁股。杖是用棍子打。徒，拘禁并强制服劳役，现代全世界的法律也都还用着呢。流，流放，农耕文化的人们不到以死相逼绝对不会背井离乡，何况是去瘴气温暑或苦寒之地呢。唐朝流放岭南，清朝流放宁古塔，这在当年都是九死一生，且不能够落叶归根的。死是都要死的，但客死他乡，当孤魂野鬼，古人是很难接受的。最后一个是死刑，结果没有变，但执行的方式有区别，五马分尸、下油锅这些没有了，凌迟也少见，弃市杀头是最常见的。

古人使用这么残酷的刑罚是为了什么呢？从表面上看，是为了起到教人从善的效果，也就是以弼五教嘛。

清雍正款珐琅彩瓷五伦图碗

这件碗侈口、深弧壁、矮圈足，胎骨极薄。器内平素无纹，外壁一面绘有奇石、梧桐、牡丹、矮竹，其上并有凤凰、鸣鹤、鸳鸯、鹡鸰、黄鹂各一对。另一面以墨书写有"盛世凤凰应纪历，羽仪四佐协纲常"二句诗，诗前有"凤采"，后有"彬然""君子"共三枚红料印。器底有"雍正年制"二行蓝料宋体字双方框款。

在《世宗宪皇帝御制文集》卷二十四《雍邸集》中，收有雍正皇帝在雍亲王时期写的《五伦图歌》一首，诗中即以凤凰、鸣鹤、鸳鸯、鹡鸰、黄鹂五种禽鸟，象征父子有亲、君臣有义、夫妇有别、长幼有序、朋友有信。雍正皇帝认为"五伦"是每个人立身处事不可或缺的重要准则。

五教指的是五种基本的伦理道德，一种说法是五伦之教，也就是父义、母慈、兄友、弟恭、子孝，它规范的只是家庭的最基本的伦理道德。还有一种说法，规范的面大了一点，是整个社会的基本道德体系，也就是父子有亲、君臣有义、夫妇有别、长幼有序、朋友有信。但无论是哪一种，想要做到都很难，因为道德天然是和人性对着干的，人性利己，道德利他。私利、私欲、私权，这是人的本性，任何人都不可能消灭本性，关键在于能不能把本性限制在一个合情、合理、合法的范畴之内。

古往今来，任何时代，道德和法律之间一定会存在一段距离，一段缓冲带。道德指引人行为的上限，而法律界定人行为的下限。如果法律的制定者直接忽视了这段缓冲带，把所有不道德的行为都视为犯罪，还都要用上大刑，那这世界上还能剩下几个人呢？比较纯粹的好人是少数，比较纯粹的坏人其实也不多，如果漠视法律与道德之间的缓冲带，把好人以外的人都关进监狱，那监狱里的人不得比外面的人还多吗？那法律还有实现的可能吗？

所以现实中，无论是古代还是现代，一般人根本上不了五刑那样的大刑，既然上不了五刑，那五刑对他们就没有震慑力，那向他们明五刑，就不可能弼五教了。然而，心有私欲，又不算太坏的人，是不是恰恰最需要五教呢？所以这样看，明于五刑，以弼五教，无论是从法律实践的角度上看，还是从道德教化的角度上看，都没有任何意义。如此没有意义、毫无实践可能的话，如何能被纳入《尚书》这样一部儒家经典当中，如何能存在于真实的历史当中，并被记成一件大事传之后世？我们不可想象，一个人一生只做了一件事，做的居然是一个样子工程，那这样的皋陶又何以被视作和尧、舜、禹、孔子一样的圣人呢？

在我看来，唯一合理的解释只有一个。所谓的明于五刑，本来也不可能实现以弼五教。五刑就是五刑，五教就是五教，它们是基本互不相干的两件事情。明刑和弼教在《尚书》中虽然被糅合成一句话，但在历史中，它们根本就是两件事情，它们发生的时代不同，主导的人物不同，解决的问题不同，实践的方式也不同。那么，我们按时间顺序，首先来看历史中率先登场的"弼教"。

根据《左传·文公十八年》的记载，帝喾高辛氏在位期间，朝廷里有八位富有才华的官员，他们是伯奋、仲堪、叔献、季仲、伯虎、仲熊、叔豹和季狸，以上八人合称八元。

什么是元？孔颖达说元就是善。所以八元就是八善，也就是八个大好人。帝喾任命了八元，让这八个大好人广布五教于天下四方。帝喾高辛氏是五帝之一，是轩辕黄帝的曾孙，是帝尧陶唐氏的父亲。讲上古史的时候，我对帝喾高辛氏介绍得不多，但在五帝当中，他其实是格外注重文化发展、道德教化的一位。比如《吕氏春秋》就记载，帝喾非常喜欢音乐，他命上古最著名的音乐家咸黑创作了脍炙人口的《九韶》《六列》《六英》，以及大量舞蹈。这些乐舞在中国的历代宫廷中，可能传唱将近两千年。这些也都说明，帝喾高辛氏时代，是一个倡导道德教化、礼乐教化的时代。由此可见，弼教这件事早在帝喾高辛氏时代就已经开始了，而且还达到了中国历史上道德教化、礼乐教化的第一次高峰，实际上也是文化的第一次高峰。我们要知道，夏后启的风评不太好，如果忽略他创作的那些作品，再下一次公认的高峰恐怕就要等到西周初年了。因此，明刑弼教中的弼教，既不是皋陶之功，甚至也不是虞舜朝和夏后禹时代的主旋律。

那历史上，皋陶真正做了什么呢？

皋陶真正做的是明刑，是单纯地明刑，而且就是单纯地明了个五刑，也就是前文介绍的五种酷刑，或者是类似的，当时人能够想象得出，且能够实现得了的任何酷刑。这是在皋陶主导下，虞舜朝和夏朝真正进行过的司法实践。

《史记·夏本纪》中有这么一段皋陶、禹和舜的对话，当时还是虞舜朝，皋陶刚刚出任士，也就是主管司法的官员。对话的开头，这三个人聊了很多治国的问题，你一句我一句，涉及的内容包括治水，道九山、道九川，还包括解决帝丹朱和三苗叛乱的遗留问题。舜和禹总体主张德治，皋陶在肯定和吹捧禹的同时，说了这么一句话："天讨有罪，五刑五用哉。"意思就是：要我看啊，老天爷讨伐有罪之人，这五种刑罚就有五种用途。那禹是怎么回复的呢？禹回了这么一句："女言致可绩行。"禹表示肯定，而且还勉励皋陶说："如果按你说的行事，肯定能干出一番成绩！"

禹自身是道德的典范，不过他同意了皋陶的主张。但之前我们说过了，五刑这样的重刑根本不可能加诸普通罪犯。而《史记·夏本纪》后面就说了这样一句话，颇为值得玩味："皋陶於是敬禹之德，令民皆则禹。不如言，刑从之。"皋陶此时敬重禹的功德，命令天下臣民都学习禹。对于不听从命令的，就施以刑罚。

因此我们可以看到，古人眼中最公正的獬豸和獬豸背后的圣人皋陶，在历史上并不能为普通百姓带来他们想要的公正。甚至很可能，历史中的皋陶，不过是一位像张汤（汉武帝时期的酷吏，帮助汉武帝打击富商大贾，诛锄豪强并兼之家）、杜周（汉武帝时期的酷吏）、来俊臣（武周时期的酷吏，无赖出身，善于告密，曾组织数百无赖专事告密，撰写《罗织经》，制造各种酷刑，大兴刑狱）那样的酷吏。皋陶的法治保护的只是当权者的政治利益，而对于社会生活中更多的罪恶，根本上是缺位的。不过无可厚非的一点是，皋陶的这一小步虽然迈得歪歪扭扭，却是中国司法实践的第一步。他在官本位和民本位之间，作出了坚定而长远的方向性选择。由此可见，《尚书·大禹谟》中的这句话"明于五刑，以弼五教"，到了真实的历史中是需要拆解成两个历史事件的。弼教始于帝喾高辛氏时期，而中国司法实践的开端——明于五刑，则始于虞舜朝至夏朝初年。还是之前的那个问题，法制不是一天诞生的，那为什么"明于五刑"就忽然出现了呢？

这个转机真是太特别了，它是由一场旷日持久的战争促成的。

之前我们在讲虞舜朝的时候，曾经提到过一个历史事件，叫做四罪之乱。其实，这是虞舜朝所有主要叛乱的合称。所谓"四罪"是四个氏族、四个方国。想要明白明刑弼教为什么忽然出现，我们就要回溯一下这段历史了。因为这个转机，就来自于以舜和禹为主导的华夏集团对四罪之中的三苗国发动的历时数十年的战争。

三苗，实际上是一个非常古老的氏族。古籍中，它有很多别名，比如有苗、苗民、三毛等。三苗的来源很难讲清，只有东汉的高诱提出过这样一个观点，他认为三苗是由三个古族的后代组成的，是三族之苗裔，所以称三苗。而这三个古族分别是帝鸿氏的儿子浑敦的后代，少昊氏的儿子穷奇的后代，以及缙（jìn）云氏的儿子饕餮的后代。其中，帝鸿就是黄帝轩辕氏，少昊是黄帝之子，缙云氏是炎帝的后代。但是，西周以前的方国基本都是由氏族部落演化而来的，所以如果说三个古族共同组成同一个方国，我认为这显然不符合当时基本的历史发展规律。不过既然找不出三苗准确的祖源，这反而说明了一点：三苗一定不是来自华夏民族主流的炎黄世系，而且也不出自东夷集团。所以，在华夏民族的传说中，三苗早期的历史是没有记载的，因为他们彼此相安无事，没有什么实质性的关系。

该砚以端石刻成，作长方抄手式，两跗较宽，砚面琢成瓶式，瓶口至肩为墨池，砚堂平宽，近墨池左上方有一石眼，带鳝血斑，周边雕饕餮纹八，砚面周缘环刻夔纹十，砚首壁镌清高宗御题铭，云："铸饕餮于樽罍古之常也，戒饮食以贪馅，喻从方也，谁用之以刻砚，义可详也，每窃人以炫己，文之殃也，兹盖取以警兹，其味长也，读昌黎之往作，未可忘也。"款题为"乾隆戊戌夏御铭"，钤印两方，为"古香""太璞"。

端石饕餮夔纹砚，明代

此件仿古铜壶形,侈口直颈,硕腹有圈足,器颈有双鹿耳。器面满饰回纹锦地,颈饰变形饕餮纹,腹部以带状回纹分区,饰变形回折夔纹。饕餮是以狼、熊、虎、豹等肉食猛兽为基础演化形成的合体图腾,是西方古族普遍崇拜的神兽,因此,不会是某个真实存在的人。

剔彩鹿耳大瓶,清代

那三苗是什么时候跟华夏集团产生交集的呢?恰恰是在虞舜朝。晋朝郭璞在注《山海经·海外南经》三苗国这个词条的时候,说当年尧将国家禅让给舜,三苗的国君对此事不认可,于是,舜杀死了三苗的国君。此后,三苗国的国人叛逃到南海一带,也就是今天的岭南地区、海南省一带,重建了三苗国。而三苗为什么不认可舜天下共主的地位呢?其实在《山海经·大荒北经》中,有这么一句话间接给出了答案,云:"颛顼生驩头,驩头生苗民"。颛顼是黄帝次子昌意的儿子,驩头就是驩兜,也就是帝尧之子帝丹朱的后代。帝尧是帝喾的儿子,帝喾又是黄帝长子玄嚣之子蟜极的儿子,所以说,帝尧的儿子帝丹朱就应该是黄帝的六世孙，那驩头国的国人最少也得是黄帝的七世孙。而刚才说了，颛顼是黄帝的孙子。所以说，《山海经·大荒北经》中的谁生谁，不是生物上的生殖关系，而是政治上的册封关系。驩头国接受了颛顼的册封，而苗民国，也就是三苗又接受驩头国的册封。驩头国我们知道，它是帝丹朱的后代南逃以后建立的政权。而从驩头到颛顼，差着四代呢，别说驩头了，丹朱出生的时候，颛顼就死了，颛顼当然不可能直接册封驩头，但颛顼的儿子鲧却可以。鲧和丹朱、驩头处于同一时代。这样，所谓四罪的关系，就串起来了。

舜以强权抢走了原本属于丹朱的帝位，丹朱在政治斗争中落败，其后代转而接受了颛顼之子鲧的册封，组建了驩头国，而后，驩头国又转而册封了华夏集团、炎黄世系之外的三苗国。因此，鲧、驩头和三苗构成了一个反对舜的政治同盟。当然，在这个同盟中，还包括一直与华夏集团作战的共工氏，这样四罪凑齐了，四罪之乱开始了，华夏民族与三苗之间也就产生了正式的交集。

但是，为什么华夏与三苗间出现了交集、爆发了战争，就会促使华夏集团内部实现明刑弼教呢？

想要回答这个问题，还是要回到虞舜朝至夏朝初年的特定时代背景当中去。明刑弼教，无论《尚书》如何记载，古人怎么解读，按照我们今天的概念，其实就是法治，或者说是法治的初始阶段——刑治与德治的结合。德治至少不晚于帝喾高辛氏时期就已经出现了，而法治之所以忽然出现，并且与德治迅速结合，是因为政治需求。

从黄帝轩辕氏一统江山以后，国家的最高权力一直在黄帝的长子少昊和次子昌意的直系后代之间传递。父死子继是一种社会认可、历史也认可的合理的权力继承制度。但唐尧末期的权臣舜篡夺了本应传给尧的儿子丹朱的权力，而且他篡夺权力的方式还不是从外部光明磊落地发动战争，而是在内部搞阴谋夺权，他这种方式为当时的社会所不齿。因此，原本臣服于唐尧、帝丹朱的各氏族、方国实际上分成了两派，一派以四罪为代表，心里不服，干脆就直接开打；另一派只是碍于舜的势大，嘴上没说，但心里一样不服。所以，虞舜朝的政局其实一直危机四伏。从前帝喾、帝尧时期，可能真的单独依靠德治就能维护相对稳定的政治环境，但因为舜得位不正，光靠德治根本应付不了极端政治威胁。这才是舜愿意接受五刑的根本理由，符合他的政治需求。当然，这也和舜自身的性格和道德自持有直接关系。禹取代舜是天下归心的事情，禹为什么也接纳了五刑呢？其实很简单，因为夏后氏掌权时，明刑弼教的工作已经基本进入尾声了。毕竟主导这件事的皋陶在禹驾崩前几年就死了，而夏朝建立到禹驾崩，也不过十年的时间。

除了内部的需求，还有一个外部的因素，这就是为什么四罪之乱有四个国家参与，至少四场战争，但真正促成明刑弼教的只是其中的三苗之乱。因为五刑这些酷刑也好，刑治这种政治指导思想也好，都不是皋陶原创的，而是华夏民族通过与三苗的战争，从三苗那里学来的。根据《尚书·吕刑》的记载，三苗以五虐之刑为法，杀戮无辜。他们以各种虐待人的酷刑作为法律，《尚书》中明确指出，割鼻子、割耳朵、宫刑和墨刑就是三苗发明的。

> 苗民弗用灵，制以刑，惟作五虐之刑曰法。杀戮无辜，爰始淫为劓、刵、椓（zhuó，即宫刑）、黥。越兹丽刑并制，罔差有辞。
>
> ——《尚书·吕刑》

> 三苗国人不遵守政令，就用刑罚来制服，制定了五种酷刑以为法律。杀害无罪的人，开始放肆使用劓、刵、椓、黥等刑罚。于是，施行杀戮，抛弃法制，不减免无罪的人。

所以说，五刑也好，刑治、法治的政治指导思想也好，这都是文化交流的产物，于华夏民族而言，它们本就是舶来品。

今天我们说文化交流，可能首先想到的是各种文化产品的引进来、走出去，但其实在更遥远的古代，文化交流的第一载体不是商品，而是人口。战争虽然不是最好的，但一定是规模最大的文化交流形式，无非是成本高了些。虞舜朝和三苗的战争可能持续了至少十几年，多则数十年，其间还爆发了丹水之战这种超大规模的战争。过去，习惯单纯地从战争看战争，或者强调华夏民族对夷狄的文化征服，强调夷狄的汉化、文明化这种单向的历史过程。但其实，文化交流一定是相互的。华夏与夷狄从来都是相互成就、相互成全的。就像三苗的五刑，与八元的德治相比，它难道不是一个野蛮的产物？但是，五刑所体现的刑治却是法治的雏形。如果没有刑治，是不是就没有古代法治的实践呢？当然不是，但法治一定会滞后。如果没有长期的法治实践，是不是难以孕育法家思想，也就没有商鞅变法和以秦制为基础的中国古代封建政治文化了呢？

反过来，一个敢跟华夏集团一言不合就翻脸的三苗，一个能跟华夏集团打上十几年甚至更长时间大规模战争的三苗，当然不会是一个弱国。它因为在与华夏集团的战争中落败，一部分人口被华夏各氏族蚕食，五刑就此流入中国，而另一部分人口则由于生存空间被逐渐挤压，被迫踏上南迁之路。三苗南迁是另一个重要的课题了，它们可能从淮河、长江流域一直迁徙到了岭南，甚至是越南北部，而在这个过程中，三苗国又将稻作文化一路带往南方。这又是另一次文化传播了。

> 三苗国在赤水东，其为人相随。一曰三毛国。
>
> ——《山海经·海外南经》

禹和伯益在考察的路上，走到赤水河畔的时候，曾经看到了南迁中的三苗国人，他们形影相随地走在迁徙路上。

上古史中明刑弼教这个话题就此结束。重新回到能够贯穿中国史的政治线索——"外儒内法"，虽然儒家和法家都是春秋战国的思想产物，但无论晚清民国以来学界所说的"外儒内法"，还是古人自己所说的"霸王道杂之"，它们强调的都是法治与德治的结合。所以说，自虞舜朝兴起，至夏朝初年完成的明刑弼教恰恰是中国德治与法治尝试结合的开端。那么，未来这条政治思想、政治文化的重要线索该如何发展呢？德治与法治的结合，能否给中国古代社会带来必要的公正呢？我们只能在后来的历史中，拭目以待了。

6. 大禹的人生绝唱：会稽会盟

涂山会盟，夏后禹分封诸侯，建立了以夏后氏为中心的朝贡体系，这标志着夏朝的建立。成为天下共主，万国来朝，夏后禹站在了前代所有明君圣主都未曾企及的权力巅峰。而这样的高光时刻，其实不只是涂山会盟。在禹人生的最后时刻，他还发起过另一场规模不亚于涂山会盟的大会盟，这就是我们本节的主题，夏后禹个人的人生绝唱以及夏后氏在夏朝前期最后的巅峰时刻——会稽会盟。

会稽在哪里，这其实是一个非常值得研究的问题，因为对它位置的认定直接影响到对夏朝后续历史的基本判断。根据《越绝书》《吴越春秋》等文献的记载，会稽是一座山。一座怎么样的山呢？我们可以从它的名字中一探究竟。

何为会稽？会，聚也。稽，计也。这座山原本的名字叫茅山，它之所以改名叫"会稽"，就是因为禹在这里会聚诸侯，共计大事，所以会盟以后，茅山改名叫了"会稽山"。茅山、会稽山，如今也很有名了，不过，今天的茅山在江苏省镇江市句容市，今天的会稽山在浙江省绍兴市。那么，这两座山究竟哪一座是当年夏后禹会盟天下诸侯的那座山呢？

首先来说句容的茅山。句容的茅山只是叫茅山而已，历史

会稽山图，佚名，明代

此画描绘了绍兴会稽山景，远处山峦起伏，层林尽染。山间河面风平浪静，船只往来穿行。此图伪托顾恺之所作，并伪题宋代帝王跋，其实应为明代作品。

上，它跟禹、夏后氏没有产生过任何交集，所以它完全可以忽略不计。而绍兴的会稽山就不一样了，一则这座山一直叫这个名，没改过，今人对先秦时期的地名常有误解，容易将后世的地名等同于早期的地名，认为大禹时的会稽会盟就发生在今天的绍兴会稽山。毕竟绍兴会稽山至今还有很多和禹有关的遗迹，这些遗迹甚至可以追溯到春秋时期。比如《史记》就记载春秋末期的越王勾践，曾经大封会稽山，在这里祭祀大禹。

从前，我对这个观点没有产生过怀疑，但最近几年我认为它非常值得推敲。为什么呢？我有两个关键性的理由：

理由一，我们都知道，夏朝是中原华夏集团的正统王朝，此时，中原王朝的中心区应该在山西南部到伊洛河流域这一带，这个区域距离绍兴会稽山实在是太遥远了。对比第一次涂山会盟的位置，涂山是今天安徽省蚌埠市的涂山，正好位于华夏集团和东夷集团的接合部偏南一点的位置，在淮河边上。这个地方水陆交通非常方便，适合会盟天下诸侯。反观浙江绍兴，在当时的地缘格局中，它实在太偏远了，既不在华夏，也不在东夷，对于绝大多数参与会盟的诸侯而言，交通的成本太高，对于夏后氏自身而言，政治安全性也无法得到充分的保障。

理由二，在讲大禹治水时，我们明确了此时的环境史背景，唐虞之际的中国，海侵现象是非常严重的。夏朝建立，距那时最多不过二三十年的时间。当时的浙江绍兴，根本就是一片汪洋大海，纵使会稽山海拔稍微高一点，能够暴露在海平面上，那也最多是一座海外的孤岛啊。夏后氏去海岛上跟谁会盟？前文讲述涂山会盟时推算过，天下的诸侯国没有过万，但几百还是有的。上百个诸侯，不会有任何一家单刀赴会，他们都得带上主要的大臣、必要的随员，乃至军队。这样计算，一场会盟的参与人数，少则数万。数万人都要前往一个海岛，怎么过去？要有多少艘船？人过去了，物资怎么供应？周边最多有些岛夷，远离华夏本土，吃饭的问题如何解决？岛夷要是能有这样的接待能力，它还能是岛夷吗？所以说，夏后氏即便想在一个方圆只有五平

江岸望山图，倪瓒绘，元代

此画为倪瓒六十三岁（1363年）为赠行而作，受赠者由水路去会稽，因而画舟中望两岸之景。

方千米的小岛上会盟天下诸侯,以当时的物质条件也完全做不到。

因此,综合这两个致命的因素,我觉着会稽会盟就发生在绍兴的会稽山的观点是不成立的。那么,历史上真实的会稽山既然不是今天的绍兴会稽山,又该在哪里呢?

想要回答这个问题,还是要到记载会稽会盟在会稽山的原始文献上下功夫。称会稽会盟的发生地在会稽山的文献,无论是《越绝书》还是《吴越春秋》,都是吴越之地的史书。吴国是泰伯奔吴建立的国家,而越国的国君则是夏后禹的后代。根据《越绝书》的记载,禹来到越国,登上茅山,大行会盟之事,然后就把茅山改成了会稽山。但是这里面存在一个问题,夏后禹去的越国,一定就是春秋时期的那个越国吗?或者说,夏朝时越国的疆域、位置和春秋时越国的疆域、位置是一样的吗?

答案是否定的。

越国的历史非常悠久,跨越夏、商、周三代。春秋时的越国固然是长江流域的强国,在今天浙江省一带。但夏、商时的越国却在黄河流域,而且是一个面积很小的方国。《逸周书·世俘解》中有这样一句话:"吕他命伐越、戏、方。"吕他属南宫氏,应该是一个将军,而越、戏、方则是三个国家,也就是三个城邦式的小方国。据此判断,当时的越国很可能与安阳殷墟相去不远。

《左传·文公三年》则记载，这一年，秦国讨伐晋国，大军从茅津渡北上渡过黄河。

> 秦伯伐晋，济河焚舟，取王官，及郊。晋人不出，遂自茅津济，封殽尸而还。
>
> ——《左传·文公三年》

秦穆公攻打晋国，渡过黄河后，烧掉了渡船，夺取了王官和郊地。晋军不出战。秦军就从茅津渡渡过黄河，在殽地给阵亡的将士们修建了一座大坟墓，然后就班师还朝了。

茅津渡是黄河三大古渡口之一，连通黄河的南岸和北岸，在古代，这个渡口属于陕州，南岸和北岸都叫茅津渡。不过现在行政区划有了调整，南岸的渡口属于河南省三门峡市湖滨区，也叫会兴渡；北岸属于山西平陆县，仍然叫茅津渡。茅津渡地势险要，北岸是山，中间是黄河，南边是河流台地，在古代是河南西部和山西南部最重要的交通枢纽和军事要地。而茅津渡这个名字，恰恰得名于渡口以北山西省运城市平陆县的茅山。我认为，夏后禹最后一次会盟诸侯的位置就在这里，茅山也由于这次会盟改名为会稽山。

之前我们参考涂山会盟，进行过分析。夏后氏会盟的选址至少需要满足两个条件，一个是交通便利，方便天下诸侯前往；另一个是确保位于夏后氏的势力范围内，要能保证禹和夏朝中央政府的绝对安全。那么，山西省运城市平陆县的这座茅山是否满足这两个条件呢？显然，都满足了。首先，在夏朝平陆茅山是三条水路要道的枢纽。陆路方面，道九山的第一条路——从雍州的汧（qiān）山、岐山，到荆州的荆山，经过茅津渡。道九山的第三条路——从豫州砥柱山、析城山到冀州王屋山，也经过茅津渡。再加上茅津渡本来就在黄河，所以这个地方可谓四通八达，华夏九州之内的诸侯到这里都很方便。其次，这个地方是河南省西部和山西省南部的交汇点。我们知道，夏朝前期的政治中心一直位于山西省南部到河洛盆地这一带，考古学上一般认为，山西省临汾市襄汾县的陶寺遗址可能是唐尧的都城，河南省郑州市登封市的王城岗遗址可能是禹都阳城，河南省洛阳市偃师区的二里头遗址可能是太康时期的夏都斟鄩。而平陆茅山距离这三个都城都是一百多千米，完全属于夏后

山溪待渡图，五代，
关仝绘

氏的势力范围内。所以我认为，平陆茅山，就是禹最后一次会盟天下诸侯的地方。

好了，找到了会稽山的位置，接下来就要看看这次会盟当中发生的大事了。说到大事，首先要界定一下何为大事。禹的一生以夏后的身份发起了两次会盟。据传说，涂山会盟时，他将天下划分为九州，并且铸造了九只鼎，用这九鼎象征天下九州。鼎在石器时代不过是煮饭、煮肉的汤锅，比釜多了三条腿儿，使用时省去了搭架子这么一个步骤。但到了青铜时代以后，从夏朝一直到秦汉，它一跃成为古代中国最重要的礼器形制，没有之一。它的重要性就源自这里。禹是用九鼎象征着九州，所以后世称争霸为"问鼎"，称定都为"定鼎"，都是从这里说起的。那么，铸九鼎而分九州，算不算大事呢？我认为，不算大事。因为分九州无论是真是假，起码在夏朝那样的时代是缺乏实际意义的。分而不能治，分也无用。人类历史的一条经验就是，从成本和可靠性的角度出发，法治优于政治，政治又优于人治。以任何理由对这个排序作反向论证的行为都是非正义的。所以说，在没有法制的年代，禹铸九鼎分九州，远不如以朝贡分封治九州，以道九山、道九川开九州、利九州有意义。带着这种发现价值、评判价值的标准，我们再看看，会稽会盟中，禹究竟做了什么大事呢？

《山海经寰宇全图大荒东经大荒南经大荒西经大荒北经第十一》之大人国，赵越绘

首先要提到除大禹以外的另一位主人公，他就是防风氏的首领。

《山海经·海内北经》和《山海经·大荒东经》都记载过一个古国——大人国。这两段记载特别有意思。《山海经·海内北经》记载作者游历东海，看到了海面上出现海市蜃楼的奇观，仔细一看才发现，原来海市蜃楼里是大人国的集市，熙来攘往。

大人之市在海中。

——《山海经·海内北经》

大人贸易的集市在大海里。

大人国在其北，为人大，坐而削船。

——《山海经·海外东经》

大人国位于它（指瑳丘）的北方，国中之人魁梧高大，坐在那里用刀削船。

《山海经·大荒东经》记载作者走进了一座名叫波谷山的大山，这才正式访问了大人国。

东海之外，大荒之中，有山名曰大言，日月所出。有波谷山者，有大人之国。有大人之市，名曰大人之堂。有一大人踆其上，张其两耳。

——《山海经·大荒东经》

东夷统治区外，大荒当中，有一座山名叫大言山，太阳和月亮都从这座山中升起。有一座波谷山，山中有个大人国。大人国中有一个大人贸易的集市，名叫大人之堂。有一个大人正张着他的两只手臂蹲在上面。

《山海经》中这两处见闻，正是禹和伯益主持的国土资源考察活动中，中原华夏民族第一次造访大人国的奇遇。大人国，听名字就知道，这里的人身材高大。但究竟有多高大呢？《山海经》里可没有说。大人国和波谷山又在哪里呢？《山海经》里也没有说。禹和伯益年轻时候的这段奇遇，和数十年后的会稽会盟有什么关系呢？《山海经》里当然还是没有说。但是别急，我来说一说。

根据《国语·鲁语》的记载，春秋时期，吴国攻打越国，摧毁了越王勾践在会稽山上的营垒，缴获了一根很大的骨头。吴国人用一辆车专门装载它，才把它拉回吴国。后来，吴王派遣使者去鲁国进行友好访问，就拜托使者顺便去向孔子请教那根大骨头的事情。使者到达鲁国，在宴会中，就拿起了桌上吃剩下来的骨头问孔子，说世界上什么骨头最大。孔子就回答说："我听说从前大禹召集各部族前往会稽山，防风氏违反大禹的诏命，迟到了。大禹就杀了他，陈尸示众。这防风氏的一根骨头，就要一辆车来装载。我想，这算是世界上最大的骨头了。防风氏姓漆，相传是上古汪芒氏的首领，掌管封山和嵎（余）山。在虞朝、夏朝和商朝时，叫汪芒氏，到了周朝改称长狄，他的后代算是现在身材最高大的人了。"后来，孔子还说："世界上最矮的人是焦侥氏，只有三尺高，而最高大的防风氏的身高是焦侥氏的十倍。"十倍也就是三十尺。三十尺相当于多少呢，按现在的尺来换算，要有十米高。当然，汉朝以前的尺比现在要短不少，但别管怎么算，估计也得有三层楼这么高了。

防风氏究竟有多高，实则不得而知，至少可以肯定，孔子的说法不可信。传说的成分太大，这是被过分夸大了。那么，忽略身高的具体数值，防风氏因为蔑视夏后禹的权威，被夏后禹在会稽会盟中当众处死，这是事实。我们知道，因为迟到这件事而扣奖金、扣工资，常有，累积多少次开除，也常有，可因为迟到被处死，真的不常有。禹不嗜杀，他为什么非要因为迟到就处死防风氏呢？这其中会不会有什么隐情呢？

答案是肯定的。因为如果这事儿是夏桀、商纣干的，我们都能理解，但夏后禹不是暴君啊，而且他还是一位非常珍视生命的明君。《吕氏春秋》就曾经记载禹治水时做的一件事，《十八史略》也引用了这段史料，说禹在横渡长江的时候，他所乘坐的船被黄龙从水面上托起来了。船上的人全都惊恐万分，只有禹仰天长叹，他说道："我接受上天给我的命运安排，我竭尽全力为了老百姓操劳。我活着，是暂时的寄托。死了，也就是永远的归宿。"结果，托起船的那条黄龙听了这番话，眼看着就变得跟壁虎一样了。它低下头，压低了尾巴消失了。（禹济江，黄龙负舟。舟中人惧。禹仰天叹曰："吾受命于天，竭力而劳万民。生，寄也。死，归也。"视龙犹蝘蜓。

颜色不变。龙俛首低尾而逝。——《十八史略·卷一》）黄龙是什么？当然是巨浪。这样一个一生真心为民的君主，能将自己的生死置之度外的君主，怎么会嗜杀呢？所以，问题又回来了，禹以迟到为理由处死了防风氏的首领一定有更深层次的原因。而想要破解这个疑案，还是必须回到《山海经》的记载当中。

防风氏所建立的国家可能就是《山海经》中的大人国。防风氏在什么地方，孔子是没有说的，但结合《山海经》，我们可以加以推定。按《山海经·大荒东经》的说法，大人国所在的波谷山位于东海之外。这里的"东海之外"指的是海岛吗？不是，这里的"海"不是"海洋"的"海"，而是"四海八荒"的"海"，它指的是华夏集团以外，四方夷狄的势力范围。而东海，也就是东夷的势力范围，所以说，防风氏是东夷人，而大人国应该也就在今天的山东省境内。结合《山海经·大荒东经》记载，波谷山的旁边应该有一座大言山，而大言山是日、月升起的地方。日、月当然可以在任何一座山中升起。结合此前讲到的尧历，也就是羲和历的制定，这里所说的日、月升起之山，应该是羲和国制定历法时的天象观测点之一。而羲和国很可能在今天山东省日照市岚山区高兴镇一带，这说明防风氏可能是一个东夷方国，而它的位置很可能就在山东省日照市一带。

另外,《山海经·海内北经》中,关于禹和伯益见到大人国海市蜃楼的发生地,明代著名学者杨慎曾经指出,大人国海市蜃楼的发生地就在登州,也就是今天的山东省烟台市蓬莱市。基于现代科学的常识,海市蜃楼并不神秘,它不过是光的折射和全反射现象。海市蜃楼的折射距离不近,但也不可能特别远。它总不能把数千千米以外,青藏高原边缘的西戎方国折射到东夷去。被折射的城市离海市蜃楼的发生地相去数十千米至两三百千米之间,这种是最常见的。而从日照市到蓬莱市,刚好三百多千米。这佐证了防风氏位于山东省,并在上古时期属于东夷集团的观点。

以上是从防风氏这个古族的位置和归属的角度来看的。下面,我们再从大人国的角度看一看。

之前在讲太昊伏羲氏的时候,我们曾经讲过关于伏羲降生的感生神话。伏羲氏的母亲华胥氏是怎么怀孕的呢?神话中说,她踩到了大人国国人的脚印而怀孕。那么,华胥氏是在什么地方踩到大人国国人脚印的呢?是在雷泽。雷泽是什么地方?雷泽是帝舜有虞氏崭露头角前打鱼的地方。雷泽也在东夷。

> 太昊帝庖牺氏,风姓也。燧人之世,有巨人迹出于雷泽,华胥以足履之,有娠生伏羲于成纪。蛇身人首,有圣德。
>
> ——《帝王世纪》

>太昊伏羲氏，是姓风的。在燧人氏时代，有大人国国人的足迹出现在了雷泽，华胥氏用脚踩到了，有孕后，在成纪生下了伏羲氏。伏羲氏长着蛇一样的身子和人一样的头，他富有圣人的德行。

由此可见，防风氏所建立的大人国不仅历史悠久，而且早在燧人氏、华胥氏的时代，就对当时的中国政局和后续的中国历史产生过深刻影响。这种影响具体是怎样的，我们不得而知，因为它是以神话的形式表述出来的。而在《国语·鲁语》中，孔子则明确指出，防风氏在虞朝、夏朝和商朝叫汪芒氏，周朝改称长狄，可见这个氏族的历史非常长。因此，防风氏及其建立的大人国可不是什么小族、小国，相反，大人国是一个典型的东夷大国。

东夷意味着什么，我们再清楚不过了。东夷是与华夏截然不同的文化实体，是与华夏此消彼长的政治军事集团。它和华夏是竞争的关系。所以夏后禹在会稽会盟中斩杀东夷方国首领的行为又意味着什么，也就再清楚不过了。禹不像舜，禹得位于德，而不是得位于威权，所以不嗜杀，也不需要嗜杀。但是，在驾崩之前，在生前最后一次会盟中，禹却以迟到为由斩杀了东夷方国首领。因为迟到被处死，纵使是在古代政治集权的巅峰时代里，也是极为罕见的。所以防风氏的首领可能是史上第一个因为迟到而死的员工，但他之所以被杀，当然不能真是因为迟到了。禹杀他的真实目的是立威，是确立华夏集团相对于东夷集团的绝对主导位置。更进一步讲，他是要在天下诸侯面前巩固以夏后氏为绝对主导的政治经济新秩序。

禹希望在自己驾崩后，这样的秩序能够长久地运行下去。就像历史上朱元璋大杀功臣，连太子朱标都看不下去了，去劝诫，结果朱元璋说我杀功臣是给你铺路，我是怕我死了以后，你玩不过他们。我想，夏后禹在晚年一定是意识到了谁才是朝贡体系下夏后氏统治的最大威胁。他当然希望像数十年前治理伊洛河水患一样，积极主动地将洪水引入预定的泄洪区，消化洪水，而不是堵塞洪水。他深知治水、治国皆是一理：堵，治标不治本，治弱难治强。但可惜的是，留给他的时间不多了。这位中国古代的明君圣主所能对中国历史施加的影响终究终结于会稽会盟，终结于怒杀防风氏。

那么，禹驾崩以后，他缔造的政治经济秩序能够长久地运行下去吗？巨星陨落以后，独立顶峰、直面劲风的夏后氏又将何去何从呢？

第六章

夏开国：走进三代

1. 夏传子，家天下

上古史中最重要的议题之一，就是确认自黄帝建立部落方国联盟式国家开始，最高权力的继承方式就是世袭。我们说，儒家出于自身政治利益，篡改了这段历史。直到夏朝建立，夏后的位置从禹传给启，儒家才不得不认可家天下的事实。所以说，"禹传启"是儒家口中第一桩世袭制的历史公案。那么本节，我们就来看一看这桩历史公案中，夏后禹是如何将国家权力交到自己的嫡子启的手中的，看看这场终结了"公天下"闹剧的传位事件中，是否也存在什么隐情与波澜。

首先，我们来看正史的相关记载。根据《史记·夏本纪》的说法，禹登基之初，他推举的继承人根本不是自己的儿子启，而是自己在政治上的亲密伙伴皋陶。而且皋陶已经被禹授予政事，一旦禹驾崩，便可正式即位。可惜的是，天不假年，皋陶死在了禹的前面。

上海博物馆藏战国楚竹书《容成氏》第三十三、三十四简有类似的记载,而且更详细,进一步指出:"禹有五个儿子,但是他没有让自己的儿子作为继任者,因为皋陶的贤能远超他们,因而想让皋陶来继任。皋陶五次推脱相让,最后称病不出,死在家里了。"(禹有子五人,不以其子为后,见皋陶之贤也,而欲以为后。皋陶乃五让以天下之贤者,遂称疾不出而死。——《容成氏》)

像这样的说法可信吗?当然不可信,甚至算得上无稽之谈了。理由有三:首先,我们之前反复论证过,上古时期根本没有禅让制,禅让是春秋战国时期的儒家臆造出来的。既然没有禅让的政治传统,禹根本不可能在自己的儿子以外主动选择他人作为继承人。上博简《容成氏》中还特意说禹有五个儿子,但他没想让自己的儿子接班。这不是此地无银三百两吗?如果禅让制是当时正统的权力交接制度,还有必要特意说一句"禹有五个儿子"吗?既然禅让是正统的权力交接制度,禹有几个儿子跟这事也没关系啊。就算是列举,也应该列举皋陶有几个竞争者才对。

其次,即便禹真想创新政治,想搞个禅让制出来,而且当时的天下诸侯、公众还真就认可了,那他禅让的对象也不可能是皋陶。皋陶在舜躬耕历山的时候就和舜相识了,而且大概率是在唐尧末期,舜刚刚执掌国家权力、尚未篡夺帝位以前,皋陶就已经经舜的举荐出任国家最高司法官了。那从年龄上推算，皋陶起码比禹大十几二十岁，甚至更多一点，是跟禹的父亲鲧年龄差不多的老人。这就好比一个六十岁的老人立遗嘱，非说要把自己的遗产留给八十岁的叔叔或者大爷，这不明摆着是一份不可能生效的政治遗嘱吗？

最后，《史记正义》引《帝王世纪》的说法，明确指出，皋陶是山东曲阜偃地的人。就因为他的老家在偃地，所以还被赐偃姓。曲阜偃地是东夷集团的政治文化中心区，还是少昊金天氏的故都所在地。所以皋陶是一个东夷人，还是东夷嬴姓和偃姓两个氏族的族长。而夏后禹是黄帝的五世孙，是黄帝次子昌意的四世孙，而且根据《史记·夏本纪》的记载，我们可以非常清楚地看出，夏后氏和禹本人代表的可是中原华夏集团的政治利益，这跟虞舜朝是完全不同的。在这种情况下，禹能主动把政权交给东夷集团吗？就算他个人脑子坏了，华夏其他氏族能答应吗？那是做梦也不可能答应的事情啊！

《史记·夏本纪》还记载了禹推举的另一位继承人。他同样是禹政治上的亲密伙伴，而且这位亲密伙伴的年龄倒不至于那么大，起码跟禹平辈。他就是伯益，从治水时起就是禹形影不离的助手。

《史记·夏本纪》的说法是，夏朝建立的第十个年头，禹在会稽会盟以后，就驾崩于会稽山了。他临死前将天下托付给了伯益，等国丧三年以后，伯益就将帝位让给了禹的儿子启，自己跑到箕山南边隐居了。夏后启富有贤德,所以天下归心。禹驾崩的时候,虽然将帝位禅让给了伯益,但由于伯益辅佐禹的时间不长,天下诸侯对他不是很满意。于是,诸侯们纷纷离开伯益,去朝拜启,并且称他是"我们的君王帝禹的儿子"。于是,启正式即位,世称夏后帝启。(十年,帝禹东巡狩,至于会稽而崩。以天下授益。三年之丧毕,益让帝禹之子启,而辟居箕山之阳。禹子启贤,天下属意焉。及禹崩,虽授益,益之佐禹日浅,天下未洽。故诸侯皆去益而朝启,曰"吾君帝禹之子也"。于是启遂即天子之位,是为夏后帝启。——《史记·夏本纪》)

　　无论是《史记·五帝本纪》还是《史记·夏本纪》,对上古时期权力交接的记述始终寄托着儒家托古改制的政治理想,所以在此处罔顾了史实。因此,《史记》中记载的禅让,往往是后人瞎编的,禅让的存在本身就不可信,所以禹禅让给伯益、伯益又禅让给启这两次禅让当然也不可能是真的。况且伯益明明从治水之时就是禹的助手了,他辅佐禹起码有三十年的时间,甚至按《烈女传》的说法:"陶子生五岁而佐禹。"伯益(即陶子)五岁时就辅佐禹了,这说明他们是由从小玩到大的朋友成长为政治上的亲密伙伴的,这怎么能说伯益辅佐禹的时间不长呢?由此可见,《史记·夏本纪》中禹欲传位于伯益的说法也是不可信的。但它是不是毫无可取之处呢?这倒也不尽然，最起码指出在禹到启的权力交接当中，还经历了一个伯益。至少在这一点上，《史记·夏本纪》的说法是没有问题的。

《山海经寰宇全图中山经北第八》，赵越绘

很多文献也都提到了夏后启的最高权力得自伯益，而非直接得自其父亲禹。比如《楚辞·天问》中就明确说道："启代益作后"。（启替代伯益作夏后）还有战国时期的《韩非子·外储说右下》和西汉的《战国策·燕策一》都记载了一段燕王与他人的对话，其中，他们也提到了禹传启的历史。

> 燕王欲传国于子之也，问之潘寿，对曰："禹爱益而任天下于益，已而以启人为吏。及老，而以启为不足任天下，故传天下于益，而势重尽在启也。已而启与友党攻益而夺之天下，是禹名传天下子益，而实令启自取之也。此禹之不及尧、舜明矣。今王欲传之子之，而吏无非太子之人者也，是名传之而实令太子自取之也。"
>
> ——《韩非子·外储说右下》

根据《韩非子》的记载，当时的燕王想把国家传给子之，他请教隐士潘寿，想让潘寿给他出出主意。结果，潘寿举了禹传启的例子，说道："当年，禹宠爱伯益，想把天下托付给他。但同时，他又任用了启的手下为官。后来，禹将天下禅让给了伯益，但权力却在启手中。于是，启的政治集团发动政变，夺得江山。所以说，禹名义上是把天下传给了伯益，实际上又把权力交给了启，让启自己夺取江山。"

禹作为一个成熟的政治家，绝不可能将权力交给启的同时，又把名分禅让给伯益。

既然不同的史料都提到了夏后启即位之前的一位关键性的人物伯益，那么禹、伯益、启这三人之间，究竟是如何实现权力交接的，伯益又是以何种身份参与禹和启这对父子之间的权力世袭中的呢？因为之前，我们已经彻底否定了上古时期禅让制的合理性，认定当时的天下诸侯和公众，都不会接受禅让的权力交接方式，所以对比这三条史料，在从伯益到启的这次权力交接中，《韩非子》和《战国策》的记载更符合历史发展规律。"夏传子，家天下。"这是《三字经》里的一句话，只有短短的六个字。但现在看来，在真实的历史中，夏朝的夏后世袭似乎并没有这么简单，这么轻而易举。至少第一次"夏传子"的过程，充满了波折和血腥的政治斗争。

现存的各种文献都记载禹死后的天下最高权力掌控者是伯益。但问题是，夏朝以前，中国没有禅让的政治传统，夏朝后来的历代夏后之间的权力交接也没有体现出禅让制的特征，所以显而易见，伯益是一个篡权者。虽然史料中没有记载他篡权的过程，但根据他篡权前后发生的有迹可循的事件，我们还是能够加以分析的。

首先，伯益篡权的发生地在会稽山，也就是茅山。根据《史记·夏本纪》的记载，禹在会稽会盟以后，没能回到王城阳城，而是直接死在了会稽山。

天子出巡，太子监国，这是古代王朝为保持政局稳定上的双保险，属于常规打法。《左传·闵公二年》记载，晋献公派太子申生讨伐东山狄，晋国的卿大夫里克就劝阻说："太子是侍奉宗庙祭祀、组织社稷祭祀、看管照料国君饮食的非常重要的人，所以叫冢子。国君如果外出，太子就得守护国家。如果有其他人守护国家的话,太子就应该跟随国君一起出行。太子要是跟着国君一起走呢,这叫抚军。要是没跟着国君出行,留在宫中呢,这叫做监国。这是古制啊!"由此可见,国君出行,太子监国,此制在三代时就已经成熟了。

> 晋侯使大子申生伐东山皋落氏。里克谏曰:"大子奉冢祀社稷之粢盛,以朝夕视君膳者也,故曰冢子。君行则守,有守则从,从曰抚军,守曰监国,古之制也。"
> ——《左传·闵公二年》

> 君行,太子居,以监国也。君行,太子从,以抚军也。
> ——《国语·晋语一》

君主出行,太子居于皇宫,来监督国家。君主出行,太子跟从,来安抚军队。

所以按道理说,禹死在会稽的时候,他选定的继承人,也就是"太子",应该被留在了王城阳城。

我们假定这个继承人是启。那么禹在会稽山驾崩,而启很可能不在身边。但是,禹临行前的安排应对的是政治常态,这个安排不是准备传位的安排,只是常态下稳定王城政局的常规举措。因为要是以传位为目的,从旧君驾崩到新君即位

监营司马铜印，魏晋

这是一枚瓦钮铜印，印面有"监营司马"白文四字。监者，管也。监营司马是监督营造的文官。

中间间隔的时间肯定是越短越好。越短，政治动荡的可能性就越低，所以古话才讲"国不可一日无君"。退一步讲，如果禹早知道自己会死在会稽山，那他势必不会召集会稽会盟了，毕竟会稽会盟的目的是"安外"，而"安外"怎么可能比"安内"更重要呢？因此，基于这些理由，我们可以作出一个基本判断：禹驾崩于会稽，是一个突发事件。

突发事件固然是突发事件，可性质却各有不同。如果后面启顺利接班，也就罢了，但紧跟着的是伯益篡权，所以我们又不得不怀疑禹的突然死亡另有隐情——他是突发疾病正常死亡，还是被伯益暗害了。这一点，真的就没有任何史料依据了，确实只能纯靠推测。

我个人更倾向于禹正常死亡的推论。因为伯益作为当世最资深的政治家之一，同时又是禹数十年来的心腹大臣、股肱之臣，如果连禹的死都是他主动计划出来的，那么他似乎没有理由不把禹死后的事情计划得更周全一些，起码不应该没撑多久就被夏后氏成功逆袭了。毕竟他有这个能力，除非他没有足够的时间预先安排更多后事。因此，从篡权的最终结果看，禹很可能就是突发疾病、自然死亡的，他的死出乎所有人的意料。

禹这次出巡是去召集会稽会盟，这是十二姒姓氏族集团最重大的政治活动，所以他肯定不会"单刀赴会"。我们知道夏朝、商朝在历史上是频繁迁都的，虽然经济上以农耕为主，但因生产力不高，需要迁徙轮耕。辽代有一种制度叫捺钵，这是契丹语译音，其实就是辽国皇帝的行营。辽国皇帝一年当中会保持契丹的游牧旧俗不断更换行在，其间从事游牧渔猎的生产活动。在捺钵中，辽国大小官僚甚至包括宣徽院所属的汉族官员都得随行。也就是说，辽国皇帝会定时带着整个中央官僚队伍来回迁徙。因为一年中根据季节变化迁徙，故称"四时捺钵"。夏朝、商朝跟这个不一样，但有一些类似，起码像涂山会盟、会稽会盟这样的大事，禹一定是把夏朝整个中央官僚队伍都拉出来了。

在这种情况下，禹在会稽山突然死亡，伯益作为威望最高的官僚领袖自然而然接管了随行的这支中央官僚队伍。所谓的伯益篡权，篡的就是这个权。但你说他篡位了没有？他没有篡位，或者可以说他想篡位，但没有成功。这就是《史记·夏本纪》所说的"天下未洽"。天下诸侯不买他的账。当然，天下诸侯买不买伯益的账其实是后话。伯益在顺利夺取禹留在会稽山的中央官僚队伍的同时，还立刻派人去王城阳城做了另外一件大事。按理说，这支人马应该前往阳城报丧，通知留守阳城的合法继承人即位称后。但伯益既然想抓住这个千载难逢的机会篡位，那这支人马接受的任务必然恰恰相反。

根据《楚辞·天问》和《竹书纪年》的说法，伯益在篡权以后就囚禁了启。其实禹意外死于会稽山跟秦始皇暴毙沙丘何其相似。公元前210年，秦始皇出巡东南，西归途中在平原津病发。他本想让公子扶苏回京即位，但遗诏还没发出去，就一命呜呼了。与禹死于会稽山不同，秦始皇死后，身边的权臣矫诏，干脆赐死了扶苏，然后拥立了胡亥。而相比之下，伯益就不够英明了，他一方面只是囚禁了启，而没有杀死启；另一方面，他没有想到拥立一个合法的傀儡，而是准备自己即位。最后的结果是，伯益虽然争取到中央官僚队伍的认可，却没能获得天下诸侯的拥护，他没有下决心处死合法的继承者，斩草不除根，养虎终成患，最终被启的支持者反扑杀死了。至于这场政治风波的后半段，所谓启攻伯益之战，无论是《韩非子》还是《战国策》都有记载。

伯益篡夏为什么会失败呢。换言之，启代伯益为什么会成功呢？

是如《史记·夏本纪》所说的，伯益辅佐禹的时间不够长，政治资历不够高吗？显然不是，伯益辅佐禹超过三十年，论资历，皋陶死后，夏朝的确没有什么人能和伯益相比了。反观启，他只是禹的儿子。纵观史籍，禹在位期间，启没有任何政绩可言，也没什么政治资历。

再论政治能力，启比他爸爸差得可不是一星半点。他爸爸像他这么大，甚至比他还小的时候，是什么能力？鲧因为治水不力被流放羽山，而禹顶着一个罪臣之子的身份，不仅没有被连坐，甚至还完全接过了父亲的职务，继续治水，这才保证夏后氏不仅没有因为鲧的获罪而衰落，反而中兴了。而启怎么样？禹驾崩以后，他手握合法继承权，不仅毫无作为，居然还被逮起来了。有记载说他后来讨伐伯益，最终杀死伯益继承夏后，那是他在讨伐吗？这一切进行的时候，他还在大狱里吃牢饭呢。反观伯益，伯益最大的优势在于历史的偶然性——禹突然死在会稽，而不是死在阳城。禹如果死在阳城，那伯益根本没有夺权的机会，甚至根本就不会萌生夺权的想法。如果《烈女传》所说"陶子生五岁而佐禹"是真实的，那伯益于禹，可谓是一生追随。禹跟伯益在一起的时间应该比谁都长，毕竟《史记》说禹治水十三年过家门不入。禹早年丧父,一辈子和夫人涂山氏也就那样,应该讲,他跟伯益是有感情的。如果禹死在阳城,我想伯益至死都会是个忠臣良将,无奈历史把一个偶然的机会摆在了伯益面前。世上的人大多没有被权力和财富考验的机会,一旦机会真摆在面前,法律都不一定能拦下欲望,更不用说道德了。

所以无论是从政治资历、政治能力还是从先机来看,伯益都占尽优势。但是,历史的选择是启。为什么?因为我认为伯益所有的优势不过是历史的偶然,而启的胜利则是历史的必然,这体现为两点。首先,仍然是我们反复强调的世袭制。世袭制在当时是一种合时宜、稳定的政治制度,它保护的不仅是夏后氏一族的政治利益,而是整个夏朝的私有制。何况我们知道,禹从涂山会盟开始就分封天下诸侯,并且建立了以夏后氏为中心的朝贡体系。夏后氏自身的权力世袭关乎天下诸侯的政治利益和经济得失,如果夏后氏的正统地位被动摇了,夏朝整个分封体系和朝贡体系就可能崩溃。这是天下诸侯不能接受的。所以天下诸侯才会喊出"吾君帝禹之子也",这是我们的君主禹的儿子啊!这是多么真切的情感啊,因为禹传启,这不是一个人世袭的合法性,而是天下诸侯世袭的合法性。

会稽政变以后,伯益错就错在他没有看清中央政府、中央官僚体系的合法性,分封制与朝贡体系的合法性,以及夏后身份的合法性之间的关系。他认为只要控制了中央政府、中央官僚体系，就可以对天下诸侯发号施令，进而获得天下共主的身份。但是他错了，完全本末倒置了。恰恰是夏后身份的合法性决定了以夏后氏为中心的分封制和朝贡体系的合法性，又因为有了这个庞大的朝贡体系，夏朝才能建立强大的中央政府和庞大的官僚体系。

纵观古代史，这样的情况，这样的逻辑关系线，在秦朝以后是没有的。因为之后的封建王朝采用郡县制处理中央和地方的关系。郡县制下，中央直接管辖地方，所以一旦中央政府有变，地方一定是望风响应，除非这个地方已经出现了割据势力，它有强大到与中央抗衡的政治力量，它自己也想试试当中央，否则给谁打工不是打工呢？老板换人了，换就换呗，反正我拿的一直是最低工资，你本来也没给过我什么额外的政治利益。而夏、商、周的诸侯不是打工人，他们是直营店和加盟商，品牌做得好不好，直接影响他们的切身利益。你现在这个时候忽然要换一个牌子，那必然不是你想换就能换的。

何况我们之前反复强调，夏朝这个王朝叠加了禹个人的威望、能力，以及历史的机遇等诸多因素，出道即巅峰。如果夏后氏的统治像东周时的周天子那样，已经经过几百年的不断衰微，到了战国冒出一个强人挑头说咱们换一块牌子试试吧，现在这块牌子快黄了，我想无论是担心违拗强人被报复，还是权衡利弊想要来一把政治投机，大部分人可能还是愿意一试的。

但伯益所处的时局完全不是这样,会稽山上,头几天刚处死一个东夷大族防风氏的首领,血还没干呢,这个时候你让我们背叛有史以来最强大的氏族——鼎盛时期的夏后氏,大伙儿不得掂量掂量吗?何况,在夏后氏的分封、朝贡体系下,禹向天下诸侯、四方夷狄推广农耕,兴修水利工程和交通基础设施,禹虽然吸他们血,但也一直在玩命地给大家分红啊。这个时候,天下诸侯已经是夏朝的既得利益者,跟着你造反成功了,和现在一样持股,多拿不了;失败了,我手里的股份也得交出去,这半辈子算白干,这样的事谁会去做呢?

第二点是伯益的身份问题。从古至今,一直有人讨论伯益是不是皋陶的儿子。皋陶可是东夷领袖,伯益其人,前文提到过,他是颛顼的后代。相传,颛顼的后代女脩吃了一颗玄鸟

玉鸟,佚名,南宋至元

《诗经·商颂·玄鸟》有云:"天命玄鸟,降而生商,宅殷土芒芒。"有人认为,所谓的玄鸟就是自然界中的黑燕。鸟图腾崇拜是东夷古族典型的图腾文化,从少昊以鸟纪官到殷商以鸟为始祖,东夷的各个支系几乎都保存着鸟图腾崇拜的文化遗存。

卵,然后生了伯益的父亲大业。(秦之先,帝颛顼之苗裔孙曰女脩。女脩织,玄鸟陨卵,女脩吞之,生子大业。——《史记·秦本纪》)也就是说,他虽然有昌意的血脉,但那来自母族,而他的父族身份不明。

大业的爸爸是谁,谁也不知道。但我们知道,伯益姓嬴,嬴姓本属于东夷少昊氏部族。伯益只有两个儿子,长子大廉的封地在黄国,次子若木的封地在徐国,黄国、徐国在夏、商之际全是东夷的地盘,并且都是东夷大国,是当时东夷地区的一等国,是好地盘。其中,长子大廉建立的黄国甚至是东夷的九夷(夷有九种,曰畎夷、于夷、方夷、黄夷、白夷、赤夷、玄夷、风夷、阳夷。——《后汉书·东夷列传》)之一,如果我们把十二支姒姓氏族当成夏后氏立国的基础,当成当时华夏集团的班底,那九夷显然就是东夷集团的班底。另外,至少从东汉起,"曹大家"班昭注《烈女传》就认为伯益是皋陶的儿子。所以无论怎么说,纵使伯益的华夏母族身份非常清晰,也掩饰不了他东夷首领的身份。当然,在夏朝的中央政府当中,做官的东夷人很多,当大官的也不少,皋陶、伯益就都是东夷人。但是,东夷人给夏后氏当大官可以,当家作主显然就是一厢情愿了。而且非常明显的一点是,从夏后氏立国开始,华夏集团与东夷集团之间"天子轮流做,明天到我家"的五帝规则就已经被终结了。所谓"夏传子,家天下",绝非世袭制的首创,世袭制一直都在,禹和启的权力交接实际上终结了天下共主的轮换制,从此夏后只能出于夏后氏了。

徐王仪楚觯,春秋

觯是一种饮酒器,也叫鍴(duān),形似瓶,侈口,圈足。该器外壁由颈而下作铭文四行,共三十五字:"唯正月吉日丁酉,徐王仪楚择余吉金,自作祭鍴,用享于皇天,及我文考,永保嗣身,子孙宝。"

《左传·昭公六年》云:"徐仪楚聘于楚,楚子执之。"徐王仪楚是春秋时期徐国的国君。徐国是享国时间最长的诸侯国之一,《路史》有云:"伯益佐禹有功,封其子若木于徐,后以为氏。"自其开国国君、伯益次子若木于夏后禹在位期间受封,至公元前512年末代徐王为吴所灭,享国一千六百余年。

这些是我们在事发三四千年以后认识到的历史规律和历史条件。但伯益发动会稽政变的时候，他看到了什么呢？他看到了禹遗留在会稽山的中央官僚队伍，成功接管这支中央官僚队伍使伯益产生了严重的错觉。这个错觉让他忽略了夏后氏中央政府和庞大官僚体系的物质基础——以夏后氏为中心的朝贡体系。从外部看，因为他没有夏后氏的出身，所以他没有得到天下诸侯的承认与支持。

从内部看，伯益篡夺了夏后氏的权力，夏后氏和以夏后氏为中心的另外十一支姒姓氏族必然不会支持他。以当时的政治格局看，华夏和东夷是两个最强大的政治集团，如果得到两个集团的共同支持，你就是天下共主。尧、舜、禹都是如此。如果得到一方的支持，你可能就是集团首领，炎帝、蚩尤都是这样。如果一个支持的都没有，那你最多是一个城邦制小方国的小国君，如果此时出现了新的天下共主，你不反对他，他就一定会分封你、认可你，如果此时谁也没能成为天下共主，那你就可以和任何天下诸侯平起平坐，因为你们都一样。有人可能会想，伯益得不到华夏集团的支持，是不是能得到东夷集团的支持呢？我认为他同样得不到。原因就在上一章考证过的问题上——会稽山究竟在哪里。

我的观点是，会稽会盟的会稽山在茅津渡，茅津渡在山西省运城市平陆县和河南省三门峡市湖滨区之间。禹都阳城可能在河南省登封市告成镇八方村,尧都可能在山西省临汾市襄汾县陶寺村,夏都斟鄩可能在河南省洛阳市偃师区二里头村。从唐尧到太康的这一百多年间,华夏集团的政治中心区怎么划定呢,大约就是这三个王城连线画三角,找个中心点,再以这个中心点为圆心画一个半径为一百多千米的圆。茅津渡位于这个政治中心区的边缘,它距离哪个王城也不过一百多千米,而且它还是在华夏集团政治中心区的西边偏南一点。所以,会稽政变后,伯益的封国和他所能够依靠的东夷集团恰好被鼎盛的华夏集团挡在背后,他根本没有能够依靠的、可靠的政治军事力量。基于这一点,我认为无论伯益是否获得天下诸侯的响应,这场会稽政变都注定会失败,而且肯定是很快就会被扑灭。当然,另一方面,我想伯益惨败的结局还可以佐证会稽会盟不在浙江省绍兴市会稽山,因为如果禹真的是死在了浙江省的会稽山,伯益与启争锋的结局或许犹未可知。

夏后氏拥立了合法的继承人启,并且杀死了伯益。一场由历史的偶然性引发的会稽政变又因为历史的必然性被迅速扑灭。诛杀叛臣,万国来朝,年轻的启一下子由死亡边缘的阶下囚变成至高无上的夏后,初涉政坛的他就体验了政治斗争的极端风险与极端收益。但是,在禹传启的这桩历史公案中,其实仍然有许多疑点。比如,我就常有这样的推想,夏后启真的是禹生前就选定的合法继承人吗?还是禹突然死亡的时候,恰好只有这个比较小的儿子既没来得及被册封，所以不会留在封地，也没有随行一起去会稽，而是碰巧被留在了阳城？夏后氏是不是为了保证自己在华夏集团中的主导地位而赶鸭子上架，火速拥立了这么一个在当时政治素养并不高，但具有合法身份的继任者呢？

所有关于启身份的猜测，关于夏后氏拥立启即位的细节，最终也只能是猜测和假设。一桩桩历史疑案的假设仍旧等待着未来的人们发现新的证据去证实或者推翻。我想，这也是历史最大的魅力。

在经历了一场风波以后，启终于继承了夏后的宝座，他又将面临哪些挑战呢？夏后氏的统治又会迎来怎样的转机呢？下一节，我们来看夏启讨逆的第二战，即夏后氏讨伐有扈氏的甘之战。

2. 甘之战与中国首部战争法

俗话说，计划赶不上变化。夏后禹的突然死亡真是给巅峰的王朝带来了全方位的挑战，考验着身处其中的每一个当权者、政治家：被留在会稽的中央官僚队伍在伯益的"撺掇"下来了一场手忙脚乱的政变，结果开幕即落幕。伯益用了几十年的时间，勤勤恳恳地追随夏后禹，临到禹去世，本该要熬出头了，却猛然间落了个"重在参与"的结局。

天下诸侯出门的时候计划着参加完会稽会盟就回家，没想到会稽会盟刚散场，又得转场参加个登基大典。

当然，这段时间的夏后启最忙，前脚爸爸出宫，后脚自己下狱，前脚自己出狱，后脚自己进宫，这刚坐上龙椅，脑子刚清醒点儿，新鲜出炉的战报就送来了。

华夏十二氏族之一，身份地位仅次于夏后氏的有扈氏造反了。

有扈氏是何人，他们为什么要起兵造反呢？

《淮南子·齐俗训》云："昔有扈氏为义而亡"。东汉学者高诱注云："有扈氏，夏启之庶兄也，以尧舜传贤，禹独传子，故伐启，启亡之。"什么意思呢？在很久很久以前，有扈氏舍生取义、杀身成仁，为仁义而死了。有扈氏是谁呢？高诱说，他是夏后启的哥哥，他看不惯爸爸禹和弟弟启的做法，因为尧传位于舜，舜传位于禹，都是以贤德作为标准，只有禹是以血缘作为标准的。因此，有扈氏毅然决然为了天下的仁义来大义灭亲，讨伐夏启，结果失败了。

关于有扈氏叛乱，或者说这场由有扈氏叛乱引发的平叛战争，无论什么样的人，说出什么样天花乱坠的理由，在攻守双方的身份面前，都显得苍白无力。一句话，这是中国历史上首次夺嫡之乱。

其实史料中对这场平叛战争全过程的介绍，四句话就说完了。《史记·夏本纪》云："有扈氏不服，启伐之，大战于甘。"有扈氏对启继任夏后表示不服，于是启出兵讨伐有扈氏，双方在甘这个地方展开大战。这是第一句。第二句话是，"将战，作《甘誓》，乃召六卿申之。"战前，夏启写了一篇文章，名叫《甘誓》，并召集六军主帅训诫。这篇文章在《史记·夏本纪》和《尚书》中都有收录。第三句话是，"遂灭有扈氏。"于是，夏启消灭了有扈氏。最后一句话是，"天下咸朝。"天下诸侯全都来朝拜启。你们兄弟先打你们的，打明白了我们再朝贡那个胜者。

战争本身的经过实在缺乏可供研究的材料，所以后人只能从战争的地点入手，研究的焦点最终就落在一个字上，这个字就是甘。甘到底在什么地方呢？

我们先来看看古人怎么说。东汉的经学家马融提出，甘是有扈氏南郊的一个地名。有扈氏是夏朝的一个氏族，这个氏族的封国就是城邦制的小国家。一个国家就是一个城市，自然有南郊的概念。唐代的司马贞也持同样的观点，但他进一步指出有扈氏城邑的南郊有一个地方叫甘亭，甘亭就是甘。那么问题来了，既然都说甘在有扈氏南郊，那首先得找到有扈氏的封国，它在什么地方呢？

在这一问题上，古人的观点同样一致，像《史记集解》《史记索隐》《史记正义》等，分别援引《地理志》《括地志》，最终都认定有扈氏就在古扈国，这个古国在雍州，在汉代右扶风的鄠县。我们说古扈国也好,有扈氏也好,这个扈字就是《水浒传》里扈三娘的那个扈。这个姓扈的扈,和今天陕西省西安市鄠邑区的鄠,以及户口的户三个字是古今字的关系,所以三个字其实是一个字。因此,古人认为,夏朝的有扈氏、古扈国就在汉代的鄠县,也就是今天西安市的鄠邑区。由此,咱们捋一下古人认定甘这个地名位置的逻辑线,古人其实是通过汉儒马融提出的甘在有扈氏南郊这一条线索,先确定有扈氏在什么地方,进而认定甘的位置。

那古人的论证对不对呢?对了一半。有扈氏的确在西安市鄠邑区,但甘不在有扈氏南郊,有扈氏南郊更没有什么甘亭。

《山海经寰宇全图中山经北第八》之鹿蹄山,赵越绘

甘之战的甘，得名于甘水，甘水是洛河水系一条河流的名字。《山海经·中山经》记载了一座鹿蹄山，甘水从这里发源，向北流入洛河。

> 中次四经厘山之首，曰鹿蹄之山，其上多玉，其下多金。甘水出焉，而北流注于洛，其中多泠石。
>
> ——《山海经·中山经》
>
> 中部第四列厘山山系的第一座山叫鹿蹄山，山上盛产玉石，山下盛产金属矿石。甘水河从这里流出，而后向北流入洛河，河水中有很多泠石。

因为鹿蹄山出甘水，所以古代鹿蹄山也叫甘鹿，《左传·昭公十七年》："陆浑子奔楚，其众奔甘鹿。"这个甘鹿就是鹿蹄山。这座山在今天的河南省洛阳市宜阳县，甘水今天也还在，经伊川县注入洛河。

除了《山海经》，殷墟卜辞中也记载了甘，发源于鹿蹄山的这条甘水在商代晚期是商王的狩猎场。卜辞中就有这样的话："贞，王往于甘？"贞是卜辞中表示占卜的一个固定格式，大概意思是占卜者在商王出发之前算一卦，算卦要问的问题就是商王现在去甘这个地方好不好。由此可见，商代时，甘水沿岸的这片地方，就叫甘。再后来，春秋时期，周襄王有一个异母弟甘昭公，也被封在甘地，建立了甘国。《左传·僖公二十四年》中"初，甘昭公有宠于惠后"，说的就是这位甘昭公。

诸多关于甘地的卜辞和文献记载中，《山海经》的记载源自大禹治水后的国土资源考察活动，从中可推断甘水以甘为名，甘地在洛阳市西南，算是价值很高的资料。殷墟卜辞距离夏朝的时间也远比东汉马融的作品近得多，可信度也更高。不过，《山海经》里以甘为名的地名有好几个，比如东夷地界内也有甘渊、甘水、甘山，这些地方都在今天的山东省日照市。那如何断定甘之战是发生在洛阳市的甘水，而不是东夷的甘水呢？这主要是因为洛阳市的甘水在有扈氏和夏后氏之间，双方进军会途经这里，而不可能途经东夷。有扈氏在陕西省，夏后启在河南省，河南人和陕西人打仗，不可能约到山东省去，总得有一个是主场作战吧。

根据交战双方根据地的位置，我们其实还可以对战争的前期情况作进一步分析。有扈氏的封国在古扈国，也就是今天的陕西省西安市鄠邑区。而夏启的王城在哪里呢？如果从文献看，夏后启的王城在阳翟。关于这一点，《左传》《竹书纪年》都有记载。不过从考古成果看，如果按照阳翟的位置去找，禹州市瓦店村的龙山文化晚期遗址可以和阳翟对上，但规模和文化特征又都不匹配，而登封市的王城岗遗址非常符合。

从王城岗遗址到甘水河边的距离大约是一百多千米，而有扈氏到甘水河边的距离是三百多千米。《史记·夏本纪》原文说，这场战争的原因是"有扈氏不服，启伐之"，意思是有扈氏质疑夏启的权位，然后启主动讨伐有扈氏。但从主战场的位置来看，这种观点就不攻自破了。

如果双方交战的战场是在陕西省南部，那这可以叫夏启主动讨伐。但实际上，甘之战的战场明明更靠近夏启，这说明有扈氏是有备而来的。有扈氏才能叫讨伐，夏启只能叫仓促应战，是被讨伐对象。而且，熟悉中国地理的朋友都知道，在陕西省与河南省之间，有一座山叫崤山，崤山上有一个关隘叫函谷关。函谷关以东叫关东地区，函谷关以西叫关中地区。当然，夏朝的时候崤山上还没有函谷关，但崤山是有的，其战略地位也是一样的。

西入崤山，关中是一马平川，自此再无险可守。东出崤山，中原也一样是一马平川，同样无险可守。无论是有扈氏有备而来，一路打过崤山，夏后氏节节败退，一路退出崤山；还是双方的情报工作一个相当出色，一个格外不行，等夏后氏发现叛军的时候，叛军已经陈兵甘水了。无论战前是怎样的情况，等到两军在甘水对峙的时候，基本战局其实已经非常明朗了。对于有扈氏而言，如果拿下甘之战，就改朝换代了。而对于夏后启而言，如果输掉甘之战，他自己身死，夏后氏也退出历史舞台，这也将成为他们的落幕。当然，如果夏后氏赢了，后面的平叛之路还很长，毕竟从甘水到古扈国，还有两百多千米呢。得能一直打过去，再把有扈氏的老巢端了，才能算彻底平叛成功。

浩浩荡荡的甘水前，有扈氏进可攻退可守，只待改朝换代的契机出现；而夏后氏无险可守，只能背城一战。大战一触即发，而战争的结果我们都知道了，夏后启最终获胜了。他究竟做了什么，扭转了险恶的战局？那个前不久还顶着合法继承人光环被人下了大狱，又被糊里糊涂推上宝座的政坛新人，何德何能挽救了命悬一线的夏后氏呢？

其实在古人对这场战争的记载中，我们隐约可以找到问题的答案。无论是《史记·夏本纪》，还是《尚书·夏书·甘誓》，记录甘之战的文字都有一百多字。按理说，用一百多字去记录一个历史事件，足以将这个历史事件的前因后果交代得非常清楚，而这在夏、商、周的史料中，一定是相当罕见的。不过遗憾的是，记录甘之战虽然用了一百多字，但其中用于记录战争过程的非常少，也就十几二十个字，绝大部分文字都被用去记录一篇文章了。这篇文章记录了夏启为夏后氏军队作的战前动员讲话，题目叫《甘誓》。显然，在古人眼中，这次战前动员讲话才是这场战争的重头戏。

何为《甘誓》？"甘"就是甘之战的主战场，"誓"就是誓言。这篇文章其实就是一篇演讲稿。这篇演讲稿的篇幅不大,目前有《史记》版和《尚书》版两个版本。其实说起来,两稿的实际内容区别很小,主要是措辞上有些变化。这里选用《尚书》版的《甘誓》来讲解具体内容。《甘誓》在内容上可以分成两个部分,先看第一个部分。

启和有扈氏在甘这个地方大战,大战之前,启召集了六军的将领训话。夏后启说道:"啊!六军将士们,我要向你们宣告:有扈氏违背天意,轻视关乎民生的金、木、水、火、土五行学说,怠惰荒废了天地人的正道。上天因此要断绝他们的国运,现在,我只能恭恭敬敬地奉行上天的旨意,对他们进行惩罚。"

> 启与有扈战于甘之野,作《甘誓》。大战于甘,乃召六卿。王曰:"嗟!六事之人,予誓告汝:有扈氏威侮五行,怠弃三正,天用剿绝其命,今予惟恭行天之罚。"
>
> ——《尚书·甘誓》

这部分的内容言简意赅,观点鲜明透彻,总结起来就仨字:纯废话。什么五行三正,跟打仗有关系吗?一点儿关系也没有。什么天道国运,替天行道,这些玩意儿跟打仗有关系吗?这些跟打仗还真有关系,得道多助失道寡助嘛,战争的正义性和战争的最终胜利之间是由历史的必然性贯穿的。替天行道这说法虽然表述得迷信了点，但这个道理没错。可问题是，这跟你夏启有关系吗？

没有，一点关系也没有。因为这场夺嫡之争对于交战的双方而言都谈不上什么正义性。无论是有扈氏还是夏后启，他们都是禹的儿子。尽管如高诱所言，有扈氏是庶长子，而夏后启是禹和涂山氏所生的嫡子，但我们要知道，在上古到夏商的这段时间中，世袭制是合理合法的政治制度不假，但在当时可没有细则。没有人规定必须是立嫡不立庶、立长不立幼，甚至都没有人规定必须是父死子继，兄终弟及也是没有问题的。所以，无论是有扈氏讨伐夏后启，还是夏后启镇压有扈氏，无论是《淮南子·齐俗训》中有扈氏所标榜的仁义，还是《尚书·甘誓》《史记·夏本纪》中夏后启所假托的天道，当他们中的任何一方无法再像启讨伯益之乱时那样以制度维护者的身份自居，进而再以制度维护者的姿态去批判另外一方的时候，甘之战的性质就注定了。作为"禹传启"这个重大历史事件的后半程，甘之战不是前半程那场维护世袭制的正义战争了，它只是维护私权，进而争夺更多私权的非正义的战争。非正义的战争是什么？就是大屠杀。

所以，我们对比禹驾崩以后，在"禹传启"整个历史事件中，两场战争期间诸侯的表现和参与度。夏后启平定伯益之乱的时候，天下诸侯所面对的，一边是老牌的政治家伯益和暂时屈从伯益的中央官僚队伍，而另一边是年轻但手握合法继承大权、一个照面就让人关到监狱里的政治新人。但天下诸侯是怎么做的呢？他们就对着这个新人山呼"这是我们君主禹的儿子啊"，并坚决支持启即位。这是什么表现啊。所以会稽政变发生在茅津渡，茅津渡距离王城岗遗址只有一百多千米，但我们没听说伯益带着叛军打到王畿腹地来吧？启伐伯益之战的过程都没有被记载，启就直接即位了，显然，夏后启平定伯益之乱是得到天下诸侯的充分支持的，所以平叛过程一点也不费劲。

但当伯益之乱被平定以后，天下诸侯是如何对待有扈氏与夏后氏争雄的呢？三个字——无所谓，四个字——事不关己。诸侯只关心继承人是不是禹的儿子，或者是不是禹的弟弟。只要是就行，至于具体是谁，那是他们自己家的事。试想，如果没有诸侯的冷眼旁观，有扈氏怎么可能从西安西南边那么远的地方，一下就过了崤山，直接跑到河洛平原上跟夏后氏开战呢？

所以，《甘誓》的第一部分，满嘴的仁义道德，不过是连篇鬼话，因为这场战争的本质就是夺嫡之战。显然，这部分内容我们不会信，听夏后启训话的那些将军和士兵们也不会信。既然大家都不信，《甘誓》这一篇文章是怎么扭转战局的呢？从结果看，能起到实际作用的内容也就只能是第二部分了。那么，《甘誓》的第二部分究竟讲了些什么?

《甘誓》的第二部分,夏后启是这么说的:

"战车左边的兵士如果不英勇地用弓箭射击敌人,你们就是不奉行我的命令。战车右边的兵士如果不奋力地用长矛刺杀敌人,你们也是不奉行我的命令。中间驾车的兵士如果不能使车马进退得当,你们还是不奉行我的命令。服从命令的人,我将在祖庙里封赏他们;不服从命令的人,我将在社神面前杀掉他们,并且株连他们的亲人。"

左不攻于左,汝不恭命;右不攻于右,汝不恭命;御非其马之正,汝不恭命。用命,赏于祖;弗用命,戮于社,予则孥戮汝。

——《尚书·甘誓》

这就是《甘誓》的第二部分,这些话相当伟大,总结起来就是八个字:令行禁止,赏罚分明。

令行禁止是什么?三个字——执行力,而且还是执行力的终极表现形式。没有执行力,再英明的战略意图都永远只能是意图。而有了执行力呢?一支军队有了执行力会生成什么?仍然是三个字——战斗力。那么,有执行力、战斗力的军队,哪个君主不想要?哪个将军不想带?都想,但光想没用。

于是，夏后启抛出了撒手锏：赏罚分明。这四个字，直击人性的弱点。无论是十恶不赦的罪犯，还是大而化之的圣人，但凡是人，任何理想的终极诉求无非是趋利和避害，差别之处只在范围、角度、程度等层面上。夏后启就是通过赏和罚两种手段，利用人趋利避害的本性，这当然没什么可说的。值得说的是，他在短短的几十个字中，给赏赐和惩罚划定了一个界限。

他要怎么赏赐服从命令的人呢？三个字——赏于祖，即在祖庙中，对着祖宗的画像赏赐。

天子的宗庙称为"五庙"：考庙（供奉父亲）、王考庙（供奉祖父）、皇考庙（供奉曾祖父）、显考庙（供奉高祖父）、太祖庙（供奉始祖）。到了周朝中期以后，因为周文王、周武王的辈分高于显考，按制不应受祀了，但是根据"有德之王，则为祖宗，其庙不可毁"的原则，又增设了文、武二王庙，这样便成为了"七庙"。夏后氏的宗庙也遵循同样的制度。

有人可能会纳闷，不都是对着祖宗牌位赏赐吗？牌位，商朝以后可以有，现在是夏朝，大家还都是文盲，一群文盲在祖庙里郑重其事地祭祀，这是一件格外庄重的事情。前文讲朝贡制的时候提到过，五服的前三服——甸服、侯服、宾服——要负担祭祖的祭品。夏朝祭祖一次，光献祭给祖宗的祭品就非常多了，所以祭祖的经济成本非常高。如果赏赐的只是经济利

第六章　夏开国：走进三代

益，比如丰厚的实物，那就不如在军前赏完就行了，否则赏十块钱，祭祖得先花一百，成本太高。因此，能赏于祖的赏赐品不可能是实物，甚至不可能是经济利益，而只可能是政治权力，是爵位、土地和人口。也就是说，这里的赏，其实指的是分封——我要赏赐你土地和爵位，让你统御人民，建立国家。

孔子曰："天下有王，分地建国设祖宗，乃为亲疏贵贱多少之数。是故天子立七庙，三昭三穆，与太祖之庙七，太祖近庙，皆月祭之。远庙为祧，有二祧焉，享尝乃止。诸侯立五庙，二昭二穆，与太祖之庙而五，曰祖考庙，享尝乃止；大夫立三庙，一昭一穆，与太庙而三，曰皇考庙，享尝乃止；士立一庙，曰考庙，王考无庙，合而享尝乃止；庶人无庙，四时祭于寝。此自有虞以至于周之所不变也。"

——《孔子家语·庙制》

孔子说："自从天下有了君王，分封土地，建立国家，设立祖宗的祭庙，这就有了亲与疏、贵与贱、多与少的区别。由此，天子设立七座祭庙，其中昭庙三座，穆庙三座，加上太祖庙，共七座。太祖、高祖血缘亲近，所以叫近庙，每月都要举行祭祀。高祖之父、高祖之祖血缘较远，其庙叫祧，共有两座，每季祭祀一次。诸侯设立五座祭庙，昭庙两座、穆庙两座，加上太祖的祭庙，共五座，合称'始祖庙'，每季祭祀一次。大夫设立三座祭庙，昭庙一座，穆庙一座，加上太祖的祭庙，共三座，合称'曾祖庙'，每季祭祀一次。士设立一座祭庙，叫作'父庙'，死去的祖父不单独立庙，父祖合祭，每季祭祀一次。庶人不立祭庙，四季在家中寝室进行祭祀。这种规制，自有虞氏到周代承袭不变。"

此器深腹，折沿，立耳，柱足。器腹微微下垂，颈饰六组高浮雕一首双身动物面纹，兽面中央有一道扉棱，云雷纹衬地。柱足上有高浮雕扉棱兽面纹及三道弦纹。器壁厚，纹饰精细。

乃孙作祖己鼎，商后期

此器折沿，附耳，沿与耳之间有梁连接，圜底，蹄足。口沿下饰窃曲纹和一周凸弦纹，器外底可见三角形加强筋。

伯笋父鼎，西周晚期

此器器身方正，平折沿，直立耳，平底，柱足。器身有八道扉棱，颈饰夔凤纹，腹饰兽面纹，柱足饰变形蝉纹。

亚丑方鼎，
商后期至西周早期

按道理，分封是常规做法，也没什么可稀奇的，但是别忘了，分封有两种，夏朝建立之初主要施行的分封是对既得利益的认定，但夏后启施行的分封是对无主领土的分配。但问题是，此时此刻，夏后氏打下了新的无主领土了吗？并没有。所以，他这是要割自己的肉给别人，这是列土封疆啊。那些土地和人民是哪儿来的？当然是祖宗留下来的，所以现在他要动祖宗的遗产，自然得跟祖宗打招呼。因此，夏后启才要祭祖，才要"赏于祖庙"，而不是"赏于军前"。这是赏的上限。由此可见，夏后启是真急眼了，面对这笔丰厚的政治遗产，面对前来争遗产的亲哥哥，他哪怕把遗产分给外人，也不愿意分给哥哥。

对于外人而言，赏的上限是列土封疆，是让你从一介平民摇身一变成为诸侯,这个赏赐实在是太诱人了。我们再来看看与"赏"相对的"罚"。对于不能服从命令的人,夏后启要怎么处罚呢?

"戮于社,予则孥戮汝。"

处罚的方式就是把你拉到社神的庙宇前杀了,同时还要株连你的家人。社神就是土地神。距今八千年左右的伏羲氏时代,华夏文化核心区开始进入农耕社会,原始农业孕育出华夏文化独特的土地崇拜,土地神就是人格化以后的土地崇拜。我们总说"江山社稷","社"和"稷"合二为一则象征古代政权。夏后启要把不听从命令的人拉到社神庙杀掉,这是以往没有的事情。皋陶明刑,针对的是像"四罪"一样反对王的人,对于反叛王的人、犯有谋反罪的人,要对其实行"五刑",严重的用大辟之刑。但那针对的是反对自己的人,而不是不听自己话的人。从不服从自己到反对自己,之间有一段很长的距离,这就相当于以前你给我投反对票有罪,现在你给我投弃权票也有罪了。而且光惩罚你还没到上限,因为我不光要处死你,我还要连带处死你的家人。这是中国历史上第一次明确出现关于连坐的记载,请大家记住,首创连坐的君王叫夏启。

有人说,黄帝灭蚩尤,不是也要消灭蚩尤集团吗?舜平定四罪之乱,难道不行株连吗?答案是肯定的。但是,这些是针对犯罪的氏族,一个氏族犯罪,氏族中的每个人都有罪,这个不叫连坐，叫战争中的大屠杀，这个一点也不新鲜。

屠爵，商晚期

爵是古代一种饮酒的器具。此爵腹深而卵底，流宽上扬，双柱柱顶作笠帽形，三足略短。腹部饰兽面纹，有云雷纹衬地。鋬（pàn，器物上的提手）上端作一浮雕的水牛头纹。鋬内的腹壁上铸有一字铭文，这个字酷似一手持刀，屠宰牲畜状，故此考虑可能是个"屠"字。"屠"字始见于《说文》小篆，上古时可能是借"者"为"屠"。"者"是"煮"的本字，因宰杀牲畜以后，要放到鼎中烹煮，所以"屠"的本义是宰杀牲畜。但古人破取城邑，诛杀对方族人时，也如宰杀牲畜一般，所以"屠"字又引申为对人的大量残杀。

此外，无论是黄帝灭蚩尤，还是舜平四罪，这都是在氏族外部搞的屠杀。针对的是外部的侵略者也好，外部的敌人也罢，总之都是对外人用的。而《甘誓》针对的是夏后氏内部不听从他命令的国人，这是把屠刀架在了自己同胞的头上。而且，一人受死，连坐家人，这不仅在当时，哪怕在整个人类的历史上，也算是处罚的上限了。连坐制度其实已经触及人类关于处罚的想象极限了。

我们想一想，如果在二三十年前禹治水的时候，禹动员夏后氏的同胞跟自己去治水，如果有老乡怕死不想去，禹会怎么办呢？他会指着滔天的洪水握着老乡的手说："想想你的家人。"如今二三十年过去了，启跟哥哥抢遗产，他让老乡们替他去打仗，老乡们这次是真不想去送死，因为你跟你哥哥谁当夏后，跟我有什么关系？那夏启怎么办？他一手拎着刀，一手紧紧握住老乡的手，深情地说道："想想你的家人。"这是什么场面？这就是夏朝建立仅仅十年之后，夏后氏普通百姓亲历的历史名场面。我们身在局外，当然会把它当个笑话，但身在其中的人呢？他们自己就是那个笑话。

总之，赏罚分明到了如此程度，这样直击自己心灵、直击自己和家人肉体的赏罚制度一经公布，夏后氏的军队果然焕然一新。有扈氏最终被消灭，这一结局在《史记·夏本纪》和《淮南子·齐俗训》中都有记录。那么，对于《甘誓》这样一篇扭转了甘之战的战局、改变了中国历史走向的演讲稿，我们在今日又该如何看待呢？

首先，将《甘誓》的全部有效内容加以提炼，得出其中的两个要点——令行禁止与赏罚分明。凭借这两个要点，从历史上看，《甘誓》堪称稳坐中国军事法的头把交椅。而从当时的实际效果看，也恰恰是因为《甘誓》的颁行，夏后氏的军队爆发出强大的战斗力，扭转了岌岌可危的战局，也改变了中国历史的短期走向。不过，在这次历史事件当中，不知道大家有没有思考过，启凭什么能首创《甘誓》，或者说，《甘誓》为什么会诞生于这样一个时代呢？

想要回答这个问题，我们首先需要认识启所在的时代，是一个怎样的时代。

相信大家能够感受得到，从母系氏族制时期、父系氏族制时期一直到夏朝，特别是以华夏集团和东夷集团为主的高度发达的两个文化中心区中，社会结构已然发生了巨大的变化。伏羲氏时代以前，在原始氏族社会内部，人与人的关系只有亲缘关系，那血缘关系有吗？肯定得有，否则怎么生孩子？但这种关系不稳定，说好听点叫走婚制，说不好听点那就是有伤风化了。伏羲氏时代以后，随着婚姻制度的建立，血缘加亲缘的关系扩大了社会基础，所以从这一天开始，氏族社会要走向消亡了。但氏族社会消亡以后的社会形式会是怎样的？此时还并不明朗。

等到黄帝时期，部落方国联盟式国家建立了。国家建立的过程中，黄帝先把自己周边的部落打了一圈，再统一了炎帝联盟，最后消灭了蚩尤联盟。当时的每个小部落都是一个氏族，都有一个原本封闭的氏族社会，而每个部落联盟又由许许多多的氏族社会组成。战争，分封，部落方国之间的贸易和朝贡，甚至还有气候变迁下稻作文化的传播，等等，这一切形式的人口迁徙都伴随着氏族社会的融合。华夏也好，东夷也好，本来以一座座"孤岛"的形式存在的小的氏族社会被连在了一起，中国社会的基本盘越做越大。相应的，将氏族整合在一起的新的社会中，私有化的程度也越来越高。再相应的，旨在保护私有制的世袭制度也确立下来了，并且逐渐深入人心，不可撼动了。由此，氏族社会内部开始分化，氏族身份不再是社会内部成员区分彼此的标志，家族身份成为重新确立政治地位、分配经济利益的参考因素。因此，我们看到在历史的舞台上，一批中国最古老的家族的地位逐渐稳固。最典型的是始终居于社会顶层的黄帝轩辕氏的家族，他把长子少昊分封到东夷，把次子昌意留在华夏，少昊和昌意的后代交错统治中国，从血缘的角度上讲，这一现象至少是贯穿夏、商、周三代的。而像帝舜有虞氏这样的草根家族机缘巧合登上了历史舞台，无非是昙花一现，慌张地上台，草草地落幕。而更多没有帝舜有虞氏的幸运和政治手腕的草根家族，可能连姓氏都没有留下来。由此，我们知道了，氏族社会衰落以后，接下来的社会是阶层社会。

这是《甘誓》诞生的背景之一——社会的变革。氏族社会被阶层社会取代是一个漫长的过程，如果说伏羲氏建立婚姻制度是氏族社会消亡的开始，那么《甘誓》的颁行就标志着阶层社会的建立。这么说有两个理由。首先，《甘誓》是一部军事法，它具有法律的强制性。其次，《甘誓》的颁行缘于一场非正义的战争，这场战争保护的是夏后氏的政治地位和经济利益，保护的是贵族的权力。夏后氏能够通过战争和法律的方式保护自身的利益，其实他的对手有扈氏何尝不在以相同的方式谋求自己的利益呢？所以，《甘誓》的颁行根植于贵族阶层的形成，又服务于贵族阶层的壮大，它是促成这样一个社会转型的历史拐点。

在启登上历史舞台的时候，夏后氏内部乃至华夏集团和整个中国社会都发生了前所未有的、不可逆转的撕裂，而且这种社会撕裂直到古代史终结，都无法弥合了。社会撕裂的直接后果是氏族社会彻底瓦解，阶层社会逐渐建立。而撕裂后的社会由两个基本的阶层构成，他们就是贵族与平民。

虽然古代中国的任何一个时代都不是法治而是人治，或者干脆就是不治，但我们仍然试图从制度和法律层面寻找社会变革的证据。所以还是要回到《甘誓》，看看这部中国最早的军事法是如何回应这场阶层社会取代氏族社会的巨大变革的。再来看看《甘誓》的第二个要点吧，我总结为赏罚分明，但是，赏罚真的分明吗？

《甘誓》里的赏,是可以分给你一块土地,连同土地上的平民,并给予你生杀予夺的权力。而罚呢,如今的刑罚最重也就是死刑并立即执行,再重不过加上没收个人全部财产。但按《甘誓》,士兵违令不仅自己要被处死,其家人也要连坐。这样的赏罚看似分明,实则只是在赏罚的程度、手段上下足了功夫,是一种纵向的赏罚分明。可赏罚的对象,或者说《甘誓》作为法律的适用对象却是有所保留的。先说"赏",赏的极限是分封。夏后启可以封你做诸侯,但他能让你做夏后吗?当然不可能了。他不惜动用禹的政治遗产去打赏普通士兵,目的不就是不让有扈氏做这个夏后吗?

由此可见,他本人不适用这个法律。那么,如有扈氏一样的诸侯呢?他们同样也不适用这个法律。你既然已经是诸侯了,赏无可赏。再赏?难道赏你做夏后吗?

我们再来看罚。《甘誓》既然为"誓",究竟是谁在盟誓呢?是夏后启单方面发出"要约",他要约的对象是自己军中同族的男丁,也就是夏后氏的子弟,与启本人不过是大宗与小宗、近亲与远亲的关系。那么,如果说其中某个人因为违令要遭受处罚,且要连坐亲人,那夏后启也是他本家,他受罚的同时,启会被连坐吗?或者启的近亲,会被连坐吗?当然也不会了。夏后启之所以要颁行《甘誓》,其目的在于扭转战局;之所以要扭转战局,是为了避免被有扈氏打败而丧失既得的政治利益。既然最终的目的是为了维护私权与私利，他当然不会搬起石头来砸自己的脚。何况普天之下，何为规则？规则从来就是给别人制定的，给自己制定的那叫计划。

所以说，无论是赏还是罚，《甘誓》只适用于夏后氏中的平民阶层，并不适用于贵族阶层，至少不可能适用于核心的贵族成员。正如《礼记·曲礼上》那句我们耳熟能详的名言——"礼不下庶人，刑不上大夫"。我们也别忘了从明刑弼教开始贯穿中国历史的政治线索——"外儒内法""明儒实法""霸王道杂之"。"外儒内法"为什么无论怎样去调整、完善，最终也无法给予中国社会真正的公正呢？

> 宣帝作色曰："汉家自有制度，本以霸王道杂之，奈何纯任德教，用周政乎？"
>
> ——《汉书·元帝纪》
>
> 汉宣帝动怒说："朝廷有自己的治国制度，霸道跟王道并用实行，怎么能够纯粹只用道德来教化呢？你准备实行周代的政治制度吗？"

道理很简单，因为一开始方向就偏了，后面你走得不稳是偏，你走得稳也还是偏了。有些古人非常坏，有些古人不明白，他们给古代中国的政治家们树立了一种带有严重错觉的政治理想，他们把"稳"当成了"正"。所以他们口中、心中的"公正"，其大者莫过于"王子犯法与庶民同罪"。且不说王子犯法是否真的能与庶民同罪，也不说这有没有可操作性，即便有，这也不等于真正的公正。真正的公正在于天子犯法是否能与庶民同罪，在于贵族中的头把交椅能否被问责、能否有和平退出的机制，至少有没有理论上的可能性，有没有可操作性。很遗憾，自贵族阶层登上历史舞台起，自军事法《甘誓》颁行起，法治与德治就沦为了君主手中的正反两张牌，他保有用法律的方式搞连坐与大屠杀的合法权力，也保有用道德的外衣宽宥他人枉法的合情权力。至于打不打，打哪一张，无非都是在维护自己或者所属贵族集团的私权、私利。所以此后的中国历史，要论谁在跑偏的路上跑得最远，跑得最稳，还跑得最自信，莫过于中国古代的封建帝王们。而这条跑偏的错路，原点在哪里呢？当然还是在《甘誓》。

以上便是"赏罚分明"的界限问题，从法律层面讲，是法律的适用范围的问题。赏罚的标准是什么，这同样是一个值得深究的问题。对于夏后氏平民阶层出身的人而言，怎么有的人一战而成诸侯，而有的人就全家都被消灭了呢？《甘誓》里说得明白，赏罚的标准就是"用命"和"弗用命"。什么意思？就是听话和不听话。

这一点表述得简直是太露骨了。按说军人以服从命令为天职，这也算是合理的。但究竟是受赏，还是受罚，不以是否立功为标准，而以是否听话为标准，这怎么说也不是一个合理的标准吧？但很可惜，它合情了。合了谁的情呢？当然是君主的情。只要你唯命是从，就可以封诸侯，只要你违拗君主的意志，就会被灭门、灭族。那这样的赏罚标准又意味着什么呢？意味着在从前，平民只能得到实物赏赐，只能获得短期的经济利益，但以后，只要唯命是从，平民也能封诸侯了。

我们说夏后禹的时代，还有禹以前的唐尧朝、虞舜朝，天下的诸侯是怎么来的？多数是缘于天下共主对氏族既得利益的认可，就是说这块土地本来就是人家的，人口也是人家的，人家世世代代在这里繁衍生息。现在你搞分封，就是给人补发一张土地证，一张委任状，这事合情合理。或者是君主本家的兄弟子侄，人家自己分配自家的财产，别人当然也没什么可说的。而这两种情况以外受封的诸侯有没有呢？也有，但这样的诸侯一则少之又少，再则他们的功勋真的要相当卓著才可以。所以这样的分封制，别人心里再酸，嘴上也没话说。

但如果只要对君主唯命是从也可以封诸侯，那这动摇的可不仅是分出去的那一城一地，它动摇的是夏后禹一手创立的夏朝的分封制度，以及被分封制赋予合法性的五服制，还有五服制下，以夏后氏为主导的朝贡体系。这可是夏朝的国本啊！而我们说，从夏后禹暴毙于会稽山，到夏后启被有扈氏讨伐，继而颁布《甘誓》，时间非常短，短到什么程度，我个人猜想可能只有几个月。应该说，禹虽然是突然死亡的，但他留下了一个空前强大的夏朝、一个颇负盛名的夏后氏。可仅仅几个月的时间，夏朝的国本就烂了。我们唏嘘之余不禁要问为什么。其实原因很简单，表面来看，禹驾崩得太突然了，他没来得及真正去培养继承人，甚至没有亲手选定继承人，没有留下明确的政治遗嘱。但深层次的原因其实是什么呢，是世袭制缺乏细则。究竟是父死子继还是兄终弟及？究竟是哪一个儿子继承？后世的嫡长子继承制要解决的就是这些问题。但可惜，当时的世袭制还没有这些细则。

这是从"用命"的角度来看。那么，从"弗用命"的角度看，在朝廷里做诤臣是不是一个好的选择呢？"昔者天子有诤臣七人，虽无道，不失其天下。"（语出《孝经·谏诤》，说的是天子身边只要有七个敢说话的诤臣，就算无道，也不至于失去天下）如果你生在唐尧朝，在虞舜当权以前，做诤臣一定是一个好选择。因为任何一个好的时代、好的政治环境，一定是允许甚至鼓励发出不同声音的。这是臣子的选择，是君主的选择，也是历史的选择。但在虞舜朝和夏禹朝，做诤臣好不好呢？倒也谈不上好，但幸好不坏。因为只要我不是你的敌人，我不带兵反叛你，我反对或批评你，无非是你听不听、改不改的事。但夏启朝呢？不行了，只要我不公开表示支持你，我就完了。所以，在坏的时代里，还有人愿意做诤臣吗？够呛，因为代价实在太高了。

综合上述内容，我们发现《甘誓》堪称一把双刃剑，它一面划破了社会转型中贵族阶层与平民阶层之间绝对的界限，在一定程度上给予平民实现阶层跃升的可能，解决了自黄帝轩辕氏时代以来，社会阶层固化的现实问题；但同时，它又一面划破了原始氏族社会遗留下来的最后的道德自持。君子以义，小人以利，当夏后启和有扈氏为了争夺私权、私利不惜挑起战争，正面对抗的时候，无论夺嫡的结果如何，夏后启这个歪身子注定要在中国历史上拖出一条长长的歪影子。自此以后，集再造华夏、拓荒寰宇之功业的夏后氏跌落神坛，夏朝的朝堂上没有君子了，夏朝的历史也不再荣耀了。因此，我们即将进入一段为期近百年的平静期。

3. 钧台之享：会盟天下诸侯

《周易·系辞》中有这样一个观点，叫作"德不配位，必有灾殃"。一个人的道德水平配不上他的身份地位，那肯定没好事。夏启就是如此，夏后禹驾崩以后，中国迎来的就是这么一位前无古人的昏君。夏后启这个人最大的问题就是他作为君主，权欲和虚荣心比天还高，但执政能力、政治素养却极低。

夏后启平定两场叛乱、坐稳江山以后，又做了什么呢？根据现有的文献记载，夏后启主政期间只做了两件事情，一个是学他老爸和前代的明君圣主会盟诸侯，另一个是迷信、建礼乐。

按照时间顺序，先来看第一个，夏后启会盟天下诸侯的钧台之享。

其实从黄帝轩辕氏釜山合符以来，历朝历代的明君圣主会盟诸侯已经是常规政治行为了。不过会盟的规模有大有小，这取决于中央政府的政治号召力有多大，有多少诸侯愿意来参加。同样，会盟的意义也有大有小，这取决于政策对社会能够产生多大的影响。所以，说起历史上的大会盟，禹主持的涂山会盟和会稽会盟肯定得算上，这两次会盟规模空前，意义也空前，算得上划时代的会盟了。作为禹的儿子，启无论是不是明君圣主，他都不甘心屈居父亲之下。另外，这次会盟毫无疑问是启上台以来，在天下诸侯面前的首场大秀。与会诸侯的数量，以及会盟的规模，决定着启能否继禹以后成为新的天下共主。如果人来得多，有面子，那夏后氏就还是天下共主，如果人来得少，失了面子，那夏后氏也就只能当夏部落十一氏族联盟的盟主了，毕竟这回有扈氏已经没了，所以十二氏族只剩十一个了。启决定要搞会盟，而且规模一定不能小于父亲的那两次会盟。

关于启主持的诸侯会盟，《史记·夏本纪》只给了四个字的记载，叫作"天下咸朝"，即天下的诸侯都来朝拜夏后启。《左传·昭公四年》说得稍微清楚一点，但也只有七个字，额外交代了一个会址，叫作"夏启有钧台之享"。根据魏晋时期经学家杜预的说法，魏晋时期河南府阳翟县（今河南省禹州市境内）县城南边有个山坡叫钧台陂，钧台之享就发生在这个地方。夏朝末期，夏后氏在这个地方修建了夏朝的中央监狱，商王朝的商王成汤曾经被夏桀囚禁在这里。当然，这是后话。

钧窑花盘架，元代

钧窑月白釉出戟尊，宋代

钧窑葡萄紫葵花式花盆，宋代

炉钧釉蒜头瓶，清代

河南省禹州市的钧瓷始于唐代，盛于宋代，是中国古代五

177

大名瓷之一，以其独特的釉料及烧成方法产生的神奇窑变而闻名于世。北宋徽宗时期，钧窑恰恰是因为宋朝在禹州的古钧台设置官窑专门烧制御用瓷而得名。

我们对比两代夏后三次会盟诸侯的选址，可以发现其中的异同。会盟诸侯的地方一般都选在开阔的山坡台地上，涂山、茅山虽都是山，但看地图就知道了，说是山，其实就是山坡。钧台是台，典型的山坡台地。这是为了让天下诸侯都看见夏后氏，可谓天地搭台、夏后唱戏。这算是三次会盟地的共同点。但看这三次会盟的具体地点，差异就出来了，禹两次会盟的地点都选在了华夏集团传统政治中心区以外，选在了华夏集团与被分封的天下诸侯之间的接合部上。而启直接把会盟地定在了政治中心区里。那么，启为什么要选这里呢？这其实是一个值得思考的问题。

关于这个问题，我认为《史记·夏本纪》间接给出了答案。《史记·夏本纪》虽然对钧台之享只给出了"天下咸朝"这四个字的记载，但这四个字前面还有五个字，是"遂灭有扈氏"。这九个字其实是一句话，不能被断开。也就是说，夏后启刚刚平定了有扈氏的叛乱，立即就要举办钧台之享。彼时，夏后氏刚刚经历两场叛乱，疲惫不堪，其自身实力已经被严重削弱了，所以出于对安全、会盟物资的保障等因素的考虑，夏后氏已经无力再在自身政治中心区以外去号集天下诸侯，举办大型的会盟了。因此，禹的驾崩实质上成了夏朝由盛转衰的拐点，而钧台之享的选址恰恰反映了走向衰微的夏后氏选择战略收缩。尽管凭借着禹的余威，会盟的结果还是万国来朝，但夏后氏的政治影响力在减弱，夏朝的国力也在衰退。这样看来，启的这场旨在满足个人虚荣心的政治首秀是多么的不合时宜。

而且从钧台之享的筹办上，我们就能嗅到启这位官二代的臭味儿了。什么叫钧台？《淮南子·天文训》讲天有九野，地有九州。这是说天界、天空被分为九个区域，所以人间的神州大地才划分为九州，这也是当年禹划九州的一个理论依据。其中天分九野，中央叫钧天。钧天被认为是老天爷居住的地方，是天的中央。

> 天有九野……何谓九野？中央曰钧天，其星角、亢、氐。东方曰苍天，其星房、心、尾。东北曰变天，其星箕、斗、牵牛。北方曰玄天，其星须女、虚、危、营室。西北方曰幽天，其星东壁、奎、娄。西方曰颢（hào）天，其星胃、昴（mǎo）、毕。西南方曰朱天，其星觜巂（zī guī）、参、东井。南方曰炎天，其星舆（yú）鬼、柳、七星。东南方曰阳天，其星张、翼、轸（zhěn）。
>
> ——《淮南子·天文训》

> 天界一共划分成九个区域……什么是九个区域呢？中央区域叫钧天，这里的星宿是角宿、亢宿和氐宿。东方区域叫苍天，这里的星宿是房宿、心宿和尾宿。东北区域叫变天，这里的星宿是箕宿、斗宿和牵牛宿。北方区域叫玄天，这里的星宿是须女宿、虚宿、危宿和营室宿。西北区域叫幽天，这里的星宿是东壁宿、奎宿、娄宿。西方区域叫颢天，这里的星宿是胃宿、昴宿和毕宿。西南区域叫朱天，这里的星宿是觜巂宿、参宿和东井宿。南方区域叫炎天，这里的星宿是舆鬼宿、柳宿和七星宿。东南区域叫阳天，这里的星宿是张宿、翼宿和轸宿。

因此，启在九州中央的豫州，其实也就是华夏集团的政治中心区找了这么一个适合办会的山坡，就在这里修建高台。他建这个高台的目的是举行原始宗教祭祀，好跟老天爷对话，所以他们把这个能和老天爷对话的高台取名为钧台。

为诸侯会盟赋予迷信色彩，这种行为其实是非常荒唐的，是在开历史倒车。我们要知道，原始社会政教合一，用原始宗教去维护政权的合法性在一定时期内是完全没有问题的，不是说迷信就一定是错的，也不是说在公元前21世纪举行原始宗教崇拜仪式就一定是落后行为。但问题是，夏朝初年的中国处在一个什么时代呢？夏朝初年，华夏中原地区处于怎样的文明进程中呢？政教合一已经是上一个时代的产物了。从唐尧、虞舜

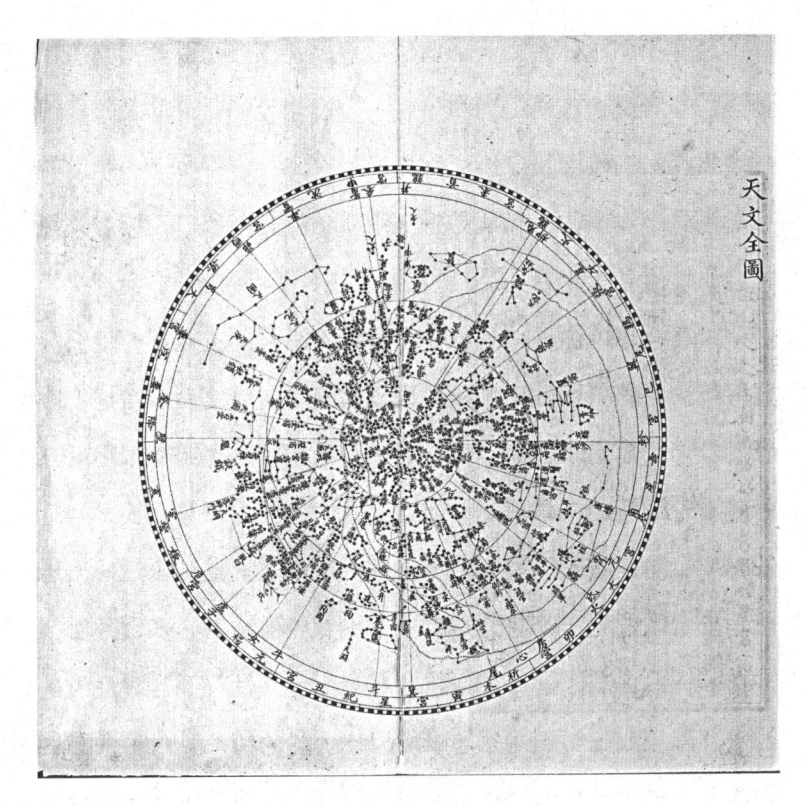

《钦定天文正义》之天文全图

二十八星宿是中国古代天文学家为观象授时而人为划定的二十八个星区，由东方青龙、南方朱雀、西方白虎和北方玄武各七宿组成，而九野又是由二十八星宿分布引发设定的天文概念。

到夏禹，经历了大洪水、大变革的中国社会正大跨步地走出蒙昧的原始社会。而夏后禹建立的夏朝，当时已经实施了分封制，建立了朝贡体系。天下诸侯尊奉禹，难道是因为禹是一个神吗？或者说，难道是因为禹是一个能与天神对话的大祭司或总祭司吗？当然不是。恰恰因为禹是一个人，一个活生生的有一个头、一双手的人，他是一个用科学挽救国家、用制度规范社会的政治家，他是夏后。

在这样的情况下，禹也好，从前的明君圣主也好，他们会盟诸侯的目的是用政治手段解决政治问题，而夏后启在这个时候又拉出了原始宗教那一套早就过时的东西，这明摆着是对自身政治合法性的自我质疑啊。何况这个在国力衰退、天下初定的时候，劳民伤财、大兴土木去举行原始宗教崇拜仪式的人居然是夏后禹的儿子。我们别忘了，禹和他的臣僚是多么务实、多么珍惜民力。一个用最原始的石器工具，且仅凭当时最先进的水利思想成功治理水患、抵御海侵现象的伟人，一个怀揣着连通九州的大理想，又在道九川、道九山的建设中千方百计利用天然水道和地势特征去节约民力的伟人，他的儿子居然既迷信又虚荣，还好大喜功，这就不能不令人唏嘘了。

由此可见，天下的经典但凡能传下来，全都是好经，但念得好不好，还要看念经的和尚嘴歪不歪。就像夏后启，一生只打了两张牌，这两张牌都是古圣先贤一直在打的经典牌。会盟诸侯这样一张王炸，让他强搭着原始宗教打了出去。那另外一张牌呢？

另外一张牌是效法帝喾兴礼乐。但问题是,帝喾兴礼乐是为了文教事业的发展,是为了美育育人,丰富一下老百姓的日常娱乐生活。但夏后启崇拜鬼神,他既想当夏后,还想当教主,所以他兴礼乐可不是想让老百姓入学,而是想让老百姓入教。夏后启兴礼乐这件事情,正史中是没有记载的,关于它的主要记录出自《山海经》。

根据《山海经·大荒西经》的说法,夏后启曾经三次跑到西戎和南蛮的统治区以外,在赤水河的南岸、沙漠的西面举行原始宗教崇拜仪式。据说在这次仪式当中,他两只耳朵上各盘着一条青蛇,并亲自驾乘两条龙去老天爷那里做客。结果老天爷高兴了,就让他把天界的雅乐《九辩》和《九歌》带回了人间下界。这个地方叫穆天野。

> 西南海之外,赤水之南,流沙之西,有人珥两青蛇,乘两龙,名曰夏后开。开上嫔于天,得《九辩》与《九歌》以下。此天穆之野,高二千仞,开焉得始歌《九招》。
>
> ——《山海经·大荒西经》

据说这穆天野是一座高山,高达二千仞。仞是长度单位,周制八尺一仞,汉制七尺一仞,据说夏朝的时候一尺是十寸,那两千仞真的是非常高了。另外,夏后启在这里除了举行宗教活动，还演奏了另外一首雅乐，叫《九招》。

这是《山海经·大荒西经》中的记载。而在《山海经·海外西经》中，同样有关于夏后启创作音乐、举行原始宗教祭祀活动的记载。据说在大乐的郊外，夏后启观看乐舞《九代》。夏后启驾乘两条龙，将三层祥云召唤至头顶做伞盖。他左手握着华盖，右手拿玉环，腰间佩戴玉璜。大乐的郊外位于大运山的北方。

乘坐两条龙拉的仙车，用祥云做伞盖，这当然是神话，但这些记述可能暗示夏后启当年主持的一场又一场祭祀活动。而《九辩》《九歌》《九招》《九代》，这些都是中国最早的、带有原始宗教性质的音乐，相传它们都是夏启时代的作品。

中国在战国以前，应该是没有记谱法的，所以别说我们听不到这些音乐，恐怕西周时的人也听不到。除了音乐的名字以外，唯一留下歌词的，就是其中的《九歌》。战国时，屈原创作的《九歌》（《九歌》共十一篇，分别是《东皇太一》《云中君》《湘君》《湘夫人》《大司命》《少司命》《东君》《河伯》《山鬼》《国殇》《礼魂》）据说就是以夏后启的《九歌》为基础"翻新"的。当然，楚辞《九歌》的乐舞我们同样听不到、看不了，但所幸文字部分流传了下来，比如《云中君》《湘夫人》《河伯》《山鬼》《国殇》等，到今天也算是脍炙人口的楚辞佳作。从这些诗行中，我们仍旧能够感受到扑面而来的原始宗教气息。这种风格与其说是屈原与楚文化带给我们的，不如说是夏后启与夏文化遗留的。另外，夏后启主持创作的四大乐歌都以"九"为名，其实我们能从现存的《九歌》中看出些端倪。楚辞版的《九歌》虽然叫《九歌》，但实际上包括了十一篇作品，与篇题"九"不符。由此可见，夏启朝的这四大乐歌，其实是一些作品的集合，每九篇可能被编成了一组，号称四组，实则更多。

湘君湘夫人图，文徵明绘，明代

此画根据屈原《楚词·九歌》中的《湘君》《湘夫人》所描写的女神而画。

建立祭祀礼仪、创作大型乐歌是文治、德治中国的象征。但还是那个问题，夏后启创立的礼乐，无论怎么看，既不是明君圣主们创立的那种，也不是后世儒家所推崇的那种，而是早已过时的原始宗教祭祀。倒行逆施也就罢了，可夏后启在做这些事的时候，夏后氏的政治影响力在减弱，夏朝的国力正在衰退。这个时候，别管礼乐的内容是什么，别管传递的精神内涵是进步的还是退步的，起码一点，这是一个允许重文教、重宗教的时代吗？

上一次兴礼乐，大力发展德治的人是谁？是帝喾高辛氏。但高辛氏在位期间，国力蒸蒸日上，接下来是唐尧朝，那是上古的一个盛世。而夏后启即位时，由于伯益之乱和有扈氏之乱已经破坏了原有的社会秩序，他当下最应该做的事情其实是治乱和防乱，完成这些后，再把有限的财力投到这种锦上添花的事情上来。无奈此时此刻，没有一个诤臣能够站出来给他指出王朝真正需要的是什么。因为夏启朝没有诤臣了，他即位之初已然用法律禁止了不同的声音。

读到这里，不免让人想到《尚书·益稷》中记载的一段夏后禹自己的话。禹当年娶了涂山氏为妻。可是婚后他仅陪涂山氏过了四天就继续出差去了。后来，启出生了，禹觉着好像就没有过这个儿子一样，光忙活治水的事情了。（娶于涂山，辛壬癸甲。启呱呱而泣，予弗子，惟荒度土功。——《尚书·益稷》）《三字经》里说得好，"养不教，父之过。"看来很多成功的爸爸身后，可能都留下了一个失败的儿子。他们成长于父亲的余荫下，也成长于世人嫉妒的白眼中，所以他们比任何人都更急于表现自己，不惜通过挥霍巨额的政治、经济遗产伪装出一张空前自信的嘴脸，掩饰骨子里永远无法触及那个庞大背影的自卑。

4. 夺嫡之争：武观之乱与西河之战

现在我们一说到古代封建王朝的皇子们夺皇位，大家首先想到的可能是清康熙朝的九子夺嫡，或者唐高祖武德年间的玄武门之变。这两段历史非常精彩，以至于给大家带来了一个错觉：古代夺皇位好像就跟现在豪门争遗产一样，是种常态化事件，只要老皇帝驾崩，必定有机可乘。其实不是这样的，因为西周以后，世袭制补充了一个细则，打了一个"补丁"，也就是嫡长子继承原则。所以除非是出现了能够干扰嫡长子继承的因素，否则大多数时候没什么争抢皇位的理由和可能。因此，在中国长达四五千年的政治史中，西周以后争皇嗣、争皇位的事件发生的频率并不高。如果真想看这些，还得去读夏商史，不仅出现的频率高，而且要是赶巧了，还能"一年两熟"。

比如夏后启，在他这一朝里，夺嫡的戏码就上演了两轮，头一轮是他爸爸死了，他跟他哥哥争，这就是之前我们讲的有扈氏之乱和甘之战；后一轮是他还没死，他的儿子们就开始争了，这就是接下来咱们要说的武观之乱与西河之战。

据说启晚年，他的几个儿子充分吸取了父亲和伯父的经验教训，趁着启还没死，就开始提前部署，谋划着争夺夏后的继承权。一时间，几个人忙得不亦乐乎。其中启的小儿子叫武观，有的文献写作"武"，有的文献写作"五"。这个武观在几个儿子里折腾得最凶，上蹿下跳，就把启给惹毛了。于是，启就把武观轰出家门，发配到外地去当诸侯了。

按照今本《竹书纪年》的说法，在启即位的第十一年，武观就被发配到一个叫西河的地方去了。

我们知道在古代社会，交通基本靠走，通信基本靠吼。一旦被分封到外地去，或者哪怕找个什么理由给你临时支走了，只要老皇帝驾崩的时候你不在跟前，那自然会有在跟前的人捷足先登。毕竟等你收到消息再往回赶，想赶上出殡都不容易，而国不可一日无君。从中央官僚系统的角度看，我拥立谁都有功劳，也没有必要舍近求远，冒着巨大的政治风险等你回来。所以像武观这样被分封到外地做诸侯的，只要远离了权力中枢、政治中心，那跟继承权就没什么关系了，十一年前的有扈氏其实就是最好的例子。

武观在封地待了三年，越想越觉着不能就这样沉沦下去。等到夏启即位的第十四年，武观明白自己已经彻底丧失合法继承的可能了，于是决定放手一搏，提前造反。于是，武观率大军前去讨伐夏后氏，这就爆发了夏朝历史上的第二场夺嫡之乱,也是夏启朝的第二场夺嫡之乱,史称"武观之乱"。

武观之乱爆发以前的事情,基本就是我刚才讲的这些了。这件事其实很多古籍都有记载,有的前因后果说得比较清楚、记得比较全面,像是我刚说到的今本《竹书纪年·帝启》(十一年,放王季子武观于西河。十五年,武观以西河叛。——《竹书纪年·帝启》),还有《逸周书·尝麦解》(其在启之五子,忘伯禹之命,假国无正,用胥兴作乱,遂凶厥国,皇天哀禹,赐以彭寿,思正夏略。——《逸周书·尝麦解》),属于说得比较清楚的,至于零零散散提到武观之乱的古籍就更多了,就不一一列举了。但是从古至今,学术界一直有几个争论不休的小议题。

首先讲这么一个问题:夏启即位的第十一年以前,武观的竞争者多不多?他有几个兄弟呢?最早记载武观之乱的古籍《逸周书·尝麦解》里有这么一句话:"其在启之五子,忘伯禹之命……"而今本《竹书纪年·帝启》里说的是"十一年,放王季子武观于西河。十五年,武观以西河叛"。今本《竹书纪年》说得很清楚,武观是启的季子,伯、仲、叔、季,这是古代兄弟姊妹的长幼顺序,所以既然称武观为季子,那说明他就是启的小儿子。这一点很清楚,没有问题。于是,一部分后人就根据今本《竹书纪年》中"季子武观"的说法,再去看《逸周书》。《逸周书》里说启的"五子"被流放到了西河,所以《逸周书》里的五子肯定是武观，且武观排行第五，又是小儿子，所以说明，启一共生了五个儿子。这是一种观点。而另外一些人不认可这一观点，他们认为，"五子"不是第五子，这个"五子"就是一个名字，也就是说，武观又叫五子。所以启一共生了几个儿子，对不起，不知道。如果一定要问，文献里明确记载的儿子有三个，第一个当然是夏启在位时就已经登场的武观，而第二个是夏启死后顺利接班的第三任夏后太康，第三个则是太康死后又接太康班的第四任夏后仲康。这两拨人的观点无论对错，起码都合常理，但还有第三拨人，他们的脑回路就相当新奇了，他们认为：《逸周书》中的"五子"是指五个儿子。启把五个儿子都分封到了西河这一个地方，其中的四个人都很老实，只有武观造反了。这个观点就太不可思议了，如果它成立的话，中国古代的分封制要改写了。五个诸侯同封在一个地方，这好比让一个姑娘嫁给兄弟五人，可比二桃杀三士还狠啊！

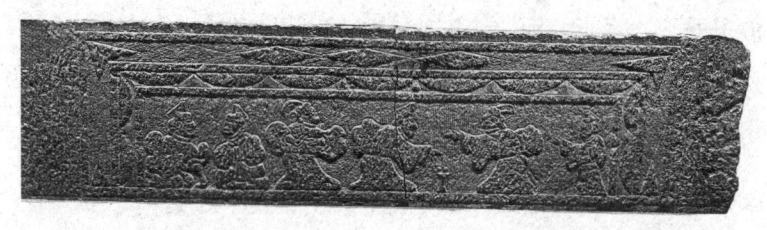

二桃杀三士门楣画像石，东汉

《晏子春秋·内篇谏下》记载，春秋时，公孙接、田开疆、古冶子三人是齐景公的臣子，全都勇武而骄横。齐相晏婴想要除去这三人，便请景公将两个桃子赐予他们三人，让其论功取桃。结果三人纷纷弃桃自杀。

关于《逸周书》的这个"五子"要怎么解读，历史上众说纷纭。其中清朝学者汪远孙的观点我非常认可，他认为"五"读曰"迕"，意思是违背、不顺从，相当于"忤逆"。也就是说，"五"是一个通假字。"五子"就是指忤逆不孝的儿子。

除了启有几个儿子的问题，还有两个问题的争论也比较多。一个是观字的由来，一个是西河的位置。《水经注·巨洋水》引《国语》指出，"五观"之所以叫"五观"，是因为他的封地在观地，所以他才被人称作"五观"。也就是说，这个人本来的名字就一个字，就叫"五"，因为被封在了观地，建立了观国，所以才叫"五观"。我认为这个观点非常正确，也非常重要。就像此前我们通过找出有扈氏的封地在古扈国，甘之战的古战场在甘水，然后发现了甘之战战前夏后氏的危局。现在也是一样，因为记载夏朝历史的文献作者实在是惜墨如金，我们无法通过直接的记载去了解西河之战的经过。而找到观地、观国与西河的位置，将有助于我们破解这场大战的诸多迷局。

那么，观国在哪里？西河之战的战场又在何方呢？

先来看观地。观地的位置不难找,从秦始皇五年到整个汉代,东郡治下有一个县叫观县,到了东汉,观县改为卫县,同时周朝的后裔姬常被敕封卫县,建立卫公国,所以后来一直到北朝,卫县也叫卫国县。到了隋朝,卫国县的县名又改回来了,叫观城县。总之西汉观县的历史沿革很清楚,所以很好找。而夏朝的观地,其实也就是武观的封国观国,以及后来西汉观县的治所所在地,均位于今天河南省濮阳市清丰县六塔乡的观寨村。

西河的位置判断稍微复杂一点,古籍中关于西河的记载有两处,且指代的不是同一个地方。《尚书·禹贡》里记载有西河,目前的学术观点倾向于把这个西河认定为陕西省榆林市神木县的石峁遗址。《竹书纪年》明确记载夏朝倒数第五个夏后叫胤甲,他把首都迁到了西河,继任他的夏后孔甲也定都在这里,而且在胤甲的基础上对西河进行了改建、扩建。说到孔甲,他和老祖宗夏后启非常像,也特别迷信。他个人所引领的这股迷信潮流,对中国往后五百年的历史影响巨大。孔甲因为迷信,所以也喜欢原始音乐、舞蹈,不过在艺术上的造诣孔甲比夏启还要更高一些。夏启创作的音乐,整理汇编的成分高一些,原创性弱一些。而孔甲创作了一首"破斧之歌",怎么叫"破斧之歌"呢?

第六章 夏开国：走进三代

石峁遗址

据说孔甲在东阳的蕡（fù）山打猎。忽然刮大风了，天色昏暗，孔甲就迷路了，走进了某个老百姓家里。结果人家家里的女主人正在生孩子，有人就说了："我们家生孩子，夏后亲临，这孩子将来一定大富大贵啊！"可是还有人说："咱这平头百姓哪享受得了这等福分啊，这孩子长大了八成倒大霉。"结果孔甲听了就说："得了，你们别争了，干脆这孩子我认了，他给我当干儿子，我带回宫里养着，我看谁敢害他！"

　　多年以后，孩子长大成人，可忽然有一天，他房间的屋椽裂开了。也不知道谁在屋顶上放了一把斧子，结果斧子落地，正好砍断了孔甲这个干儿子的腿。眼看这个儿子废了，孔甲只好封他当了个守门官。人残废了不说，前途也止步于看门了。孔甲为此感到非常惋惜，觉着发生这样的事情，恐怕还真就是命中注定的，于是写了一首歌，也就是"破斧之歌"。因为这首歌是在西河创作的，而西河偏东，离东夷相对近一些，所以这首歌被认为是中国古代乐种东音的发轫之作。

　　　　夏后氏孔甲田于东阳蕡山。天大风，晦盲，孔甲迷惑，
　　　入于民室。主人方乳，或曰："后来，是良日也，之子是必大
　　　吉。"或曰："不胜也，之子是必有殃。"后乃取其子以归，

曰："以为余子，谁敢殃之？"子长成人，幕动坏橑，斧斫斩其足，遂为守门者。孔甲曰："呜呼！有疾，命矣夫！"乃作为"破斧"之歌，实始为东音。

——《吕氏春秋·音初》

之前我讲过南音——涂山氏唱给禹的情歌，歌词只有四个字："候人兮猗。"现在又提到了在西河诞生的东音——破斧之歌。可惜"破斧之歌"还不如"候人兮猗"，这首歌连歌词都没有留下，它跟《诗经》里的那首《豳风·破斧》没有任何关系。

既破我斧，又缺我斨。周公东征，四国是皇。哀我人斯，亦孔之将。既破我斧，又缺我锜。周公东征，四国是吪。哀我人斯，亦孔之嘉。既破我斧，又缺我銶。周公东征，四国是遒。哀我人斯，亦孔之休。

——《诗经·豳风·破斧》

激烈征伐中椭形的斧子砍坏了，我们的方形斧也砍得缺残。英武的周公率领我们东征，匡正四方之国平息了叛乱。可怜我们这些战后余生的人，我们命大，幸亏苍天有眼。激烈征伐中椭形的斧子砍坏了，我们的齐刃凿也砍得缺残。英武的周公率领我们东征，使四方各国被教化得秩序井然。可怜我们这些九死一生的人，得到苍天的佑护，下场还算好。激烈征伐中椭圆的斧子砍坏了，我们的独头斧也砍得缺残。英武的周公率领我们东征，四方各国边疆巩固又安全。可怜我们这些劫后余生的人，也真是有福。

这里为什么要插叙一段音乐史呢？因为要讲西河的地理位置的另一种说法。在前面的讲述中有一个细节，它将极大地改变西河之战的战局与中国此后半个世纪历史的走向，这个细节就是西河离东夷比较近。

西河具体在哪里呢？

因为西河后来还是商朝的首都，当时叫相，位置大概在今天河南省安阳市汤阴县菜园镇的西河村。陕西省榆林市神木市的石峁遗址和汤阴县菜园镇的西河村，两地在夏朝均称西河，哪一个才是西河之战的战场呢？

显然是后者。至于为什么，咱们去地图上一看就知道了，从河南省濮阳市清丰县观寨村到汤阴县西河村，只有八十多千米，是正西向。现在有观点认为河南省郑州市新密市的新砦遗址可能是夏启的都城。如果武观是奔着夏后的位置去的，那么按理说他应该往西南方向走。但按照现在的结论，他往正西去，跑得也不算太偏。如果武观是要从观国遗址去石峁遗址，不仅有七百多千米的距离，而且方向是西北。所以说，观国、观地和西河的位置我们应该是找到了。下面我们就来具体看一看史料中西河之战的情形。根据《竹书纪年》的记载，夏启十五年，武观终于按捺不住，决定搏一把。他在西河反叛夏后启，而启则调遣彭伯寿率军征伐西河。战争的结果是，武观被抓回了朝廷。

对比甘之战我们会发现，两场夺嫡之乱的方式和结局都截然不同。甘之战是夏后氏亲自下场，结果是有扈氏被消灭。而西河之战，夏后氏高居庙堂将军务交给彭伯寿，让彭国替他平定了武观叛乱。而且平叛以后，夏后启没有处死小儿子，而是把他抓了回去。那么，彭伯寿又是什么人呢？

彭伯寿的"彭"毫无疑问指彭国，而"伯"在当时很可能是国君的通称之一。当然也有人提出，这个"伯"代表伯、仲、叔、季的排序。这倒不是说彭伯寿这个人在自家兄弟中排行老大，而是说在当时的各家诸侯当中，他的影响力最大。至于最后的"寿"字，就是他自己的名字。其实我们读上古古籍，可能会遇到很多熟悉的名字，但那些都不是他们的本名，彭伯寿是这样，夏后启、商王亥、周公旦等也都是这样。这些称呼的最后一个字才是本名，前面的不是姓，而是身份标志。

那么，这个彭伯寿是什么来历呢？为什么夏后启要派他跟自己的小儿子干一仗呢？我想这里有两个非常值得推敲的点。

首先，可能多数朋友不熟悉彭国这个国家，它在历史上的存在感不强，但是彭国的首任国君那可是鼎鼎大名。他就是儒家、道家都倍加推崇的彭祖。道家推崇他是因为他超级能活，传说中他活了七百岁，尧做天下共主的时候他就是诸侯了，到了商代，他还出任大夫。再后来，大家瞧不见他了，也不觉得他死了，而是认为他云游修仙去了。中国民间传说中手捧仙桃的南极仙翁形象就是以彭祖为原型在民间逐渐演化形成的。民间男拜寿星，女拜麻姑，这寿星也是合流了道教的寿星老人和彭祖、南极仙翁的形象才演化而成的。

除了长寿，彭祖还多才多艺，据说他是中国第一位职业厨师，是厨师的祖师爷。他是最早发明气功的养生专家，也是气功武术的祖师爷。另外，他还擅长房中术，可谓人老心不老，心老肾不老，是中国第一位性学大师。孔子也格外推崇他。当然，孔子推崇他倒不是因为他长寿，也不是因为他多才多艺，而是因为他道德高尚。子曰："述而不作，信而好古，窃比于我老彭。"（孔子说："阐述而不创作，相信并喜爱古代文化，我私下里把自己比作老彭。"——《论语·述而》）老彭就是彭国的开国君主彭祖。彭国开国的时间非常早，属于中国第一批被分封的诸侯国了。按照《史记·楚世家》的说法，唐尧时期，彭祖就因功被封于彭地。一般认为彭地在今天江苏省徐州市，徐州古称彭城。汉朝的彭城王的名称就是来自唐尧时代以后彭地所建立的城邦式国家——彭国。

寿星亦称南极老人星，该信仰起源于古人的星宿崇拜。秦汉之际曾建有寿星祠，供奉寿星。后世小说、戏曲将其视为神仙，又名南极仙翁。

寿星轴，佚名，宋代

从唐尧朝以后，彭国对历代中央王朝都俯首称臣，中央王朝也给予了彭祖及其后代对彭国统治合法性的认定。经历上百年的发展，彭国终于成为一支强大的政治军事力量。天下九州，彭国属徐州，而徐州处于东夷的传统势力范围，所以彭国是一个东夷强国，彭伯寿则是一个东夷首领。

搞清楚了这些问题，我们再来看武观之乱所引发的这场西河之战。

西河之战是怎么打响的？主战场为什么会在西河？其实在之前确定观国和西河位置的时候，我就有一个疑问，如果武观叛乱的目的在于夺嫡，那他的大军从观国出发，为什么不直接往西南方向走，直奔启的王城呢？别说领兵打仗的将军了，就连普通老百姓都知道擒贼先擒王。政变、叛乱这种事情最好是兵贵神速。可事实上，武观的军队就是跑偏了，往正西方向去了。显然，武观反常的进军方向需要一个理由。

另外，我们要知道，彭国在徐州，从王城到彭国有四百千米，而从王城到观国大概只有这一半的距离。也就是说夏启在西面，武观在中间，彭伯寿在东面。按照常理，武观突然叛变，夏启应该就近调集中原地区的军队往东北平叛，而不是调集东面的军队往西北平叛。面对作为突发事件的武观之乱，到头来前去勤王的却是离夏后氏与武观都较远的彭伯寿。是谁未卜先知，赶在武观叛乱之前通知了彭伯寿吗？

结合这些疑点，我认为如果当时情形是这样的，那以上的疑问就能解释了：武观起兵叛乱之前，消息就已经泄露了，因此夏后启有机会提前部署，召集诸侯主动去平叛。或者，可能性更大的情况是，武观之乱和西河之战其实是两件事。武观夺嫡发生在夏后启十一年以前，这件事叫做武观之乱。夺嫡失败后，武观被流放、分封到了观地，这时候他并没想着再去夺嫡了。可是夏启十五年，启感觉自己将不久于人世，觉着当年流放这个曾经积极夺嫡的小儿子的决定并不英明——既然他早就对后位垂涎三尺了，把他放出去不是放龙入海、纵虎归山吗？等自己驾崩了，他一样可以带着军队来夺位啊。夏后启可能越想越害怕，所以决定趁着自己没死，干脆先下手为强，把武观抓回来，这样就避免了未来的祸患。那么，假谁之手除掉心腹大患更好呢？答案是彭伯寿。

彭伯寿擒武观之战为什么会发生在西河？那是因为彭伯寿先讨伐了观国，武观不敌，率军败走，一路向西跑，跑到了西河时被紧追不舍的彭伯寿撵上，爆发了西河之战。战争的结果就是武观又战败，然后被俘。

我想，这样的经过最符合历史条件。那么在这场战争中，夏后氏有没有亲自参与呢？不确定，但有一点可以肯定，夏朝在启统治下走过了十五年，经历了伯益之乱、有扈氏之乱，国力日渐衰微，恐怕已经不足以凭借自身的力量解决潜在的政治危机了，所以才不得不假诸侯之力处理他们姒姓贵族的内部事务。

但是，选择的后果从来都是双向的。潜在的不安定因素——曾经夺嫡的武观虽然被抓回了王城，但以彭伯寿为代表的东夷集团却凭借战功与战争中正常的人口迁徙，成功地将势力扩张到河西地区，渗透华夏集团的传统势力范围。那么，政治军事格局的微妙变迁，东夷集团与华夏集团势力对比的变化，又会对夏朝后来的政局带来怎样的影响？

西河之战一年以后，一手将夏朝从鼎盛拉向衰落的夏后启终于驾崩了，他以狼狈的身影登上夏后的高位，又将狼藉的帝国留给了其钟爱的儿子太康。第三任夏后太康即位，夏朝从此进入了太康时代。史书记载，太康一生只做了两件大事，而且是两件震古烁今的大事。其中第一件事便是将国都迁往了伊洛河畔，并在那里营造了王城斟鄩（zhēn xún）。一个由"中国"主宰的崭新时代开始了。

5. 爱折腾的太康：营建斟鄩与华夏文明的地缘政治

夏朝迎来了第三位夏后——夏启的儿子太康。关于太康这一朝，我们翻遍各种文献，只发现了两件事，不过都是一等一的大事。一件事是迁都建城，另一件事是兵败跑路。前者对中华文明有着破天荒的意义，意义大到足以将中华文明的历史一分为二。而后者对夏朝自身的历史意义非凡，它实质上把夏朝的历史一分为二了。如果不是夏朝迁都太频繁，难以归纳表述，我们看到的一定是两段割裂开来的夏朝史，类似西汉和东汉，北宋和南宋。我们先来看太康朝的第一件大事——营建斟鄩。

斟鄩是第三代夏后太康营建的新王城，熟悉中国历史、喜欢文物考古的读者对这座王城肯定不陌生，其遗址极有可能是河南省洛阳市偃师区的二里头遗址。太康营建斟鄩，这个历史事件在古本《竹书纪年》、今本《竹书纪年》、《汉书·地理志》、《水经注》、《史记正义》等诸多古籍中都有记载，但所有的相关记载都非常简短，一般就只是一句话，比如"太康居斟鄩"或"据斟鄩"等。所以如果从文献的角度来看，关于这个历史事件几乎没有什么可说的。但是，如果我们从考古学入手去分析太康所营建的这座王城，去考察它的选址、规模、具体的规划布局等特征，就会意识到它对中华文明的发展有着极为深刻的影响。这种影响力延续至今，并且在未来的很长一段时间里仍会持续下去。

在正式开始这个话题之前，我想先提一个问题，大家可以思考一下。夏、商、周也好，汉、唐、宋也罢，这些都只是中国某一时期内的王朝名。而把所有这些王朝包含在内的，我们怀有文化认同、历史认同的这个国家，叫"中国"。可是，为什么叫"中国"呢？

我们说夏朝，为什么以"夏"为国号？那是因为最初禹被分封到了夏地，"夏"本来是一个地名。咱们现在说"华夏大地""华夏文明"，"华夏"就来自夏朝的王朝名。再比如，汉朝为什么以"汉"为国号呢？因为刘邦称帝以前被封为"汉王"，"汉"也是一个地名，即汉中。我们的主体民族名就来自汉朝的王朝名。按照这个逻辑，中国历史上如果有一个叫"中"的地方，那这个地方的人建立的王朝称"中国"就合情合理了。

　　王朝名称的由来方式除了以地名为源头，还有一类比较常见，即以有寓意的字为国号。比如中国古代的少数民族政权——女真人建立的金国，国号里为什么有"金"呢？因为金建立以前，女真人总被契丹人欺负，契丹的国号叫辽，"辽"字在契丹语里是铁的意思。所以女真人一想，那我们就叫金了。你叫铁，我叫金，金就砺则利，真金不怕火炼。我们建国的目的就是站起来，全方位地碾压你。蒙古人建立元朝，为什么以"元"为国号呢？"元"取自《易经》的"乾元"。这些跟给孩子起名一样，图个吉利。所以这类图吉利、有寓意的国号也都好理解。但是中国的"中"吉利吗？好像也谈不上。

　　"中国"这个名称不是历史上哪一个封建王朝以国号的形式认定下来的，而是我们中国人数千年来自发地、以文化的形式约定俗成的，因为我们对它怀有文化认同和历史认同，所以口口相传至今。那么这背后被我们认同的历史和文化又是什么呢？

第六章　夏开国：走进三代

何尊，西周　　　　　　　何尊铭文拓片

何尊是一件青铜祭器，是中国首批禁止出国（境）展览文物、国家一级文物。尊高38.8厘米，口径28.8厘米，重14.6千克。圆口棱方体，长颈，腹微鼓，高圈足。腹足有精美的高浮雕兽面纹，角端突出于器表。体侧并有四道扉棱。尊内底铸有铭文十二行，共一百二十二字。

铭曰："唯王初壅，宅于成周。复禀（逢）王礼福，自（躬亲）天。在四月丙戌，王诰宗小子于京室，曰：'昔在尔考公氏，克逑文王，肆文王受兹大命。唯武王既克大邑商，则廷告于天，曰：余其宅兹中国，自之乂民。呜呼！尔有唯小子无识，视于公氏，有庸于天，彻命。敬享哉！'唯王恭德裕天，训我不敏。王咸诰。何赐贝卅朋，用作□公宝尊彝。唯王五祀。"其大意是：成王五年四月，成王营建都城成周，对武王进行丰福之

205

祭。成王于丙戌日在京宫大室中对宗族小子何，即这件青铜祭器的主人进行训诰，并讲到何的先父公氏追随文王，文王受上天大命统治天下。武王灭商后则告祭于天，以此地作为天下的中心，统治百姓。成王赏赐何贝三十朋，何因此铸造了这件何尊，以作纪念。

何尊铭文中"余其宅兹中国，自之乂民"一句首次使用了"中国"一词，其语义是说武王灭商后，占据"中国"，统治天下百姓。其中"中国"一词有"国之中"，即天下中心的意思。

这个问题并不好回答。可能有些朋友知道，"中国"一词最早出现在西周初年。陕西省宝鸡市的中国青铜器博物馆里有一件名叫何尊的青铜尊，其底部有一百二十二字的铭文，其中就出现了"中国"一词。这篇铭文记载的是周成王继承周武王遗志，在洛邑营建东都的事情。洛邑故址在今天的河南省洛阳市，而"中国"一词最初指的就是西周时期，由周公营建的王城洛邑。那么，当时的洛邑为什么被称作"中国"呢？而这座城市的代称后来又为什么变成了国家的名字呢？

这是一件西周早期的戈，直援，微下弯，中脊明显，两侧为刃，下刃呈凹弧形并于后

成周戈，西周

段向下延伸形成胡，胡上一方穿。援后部为内，援、内之间有上、下栏。援上隐约可见纤维痕。内上有阴文"成周"二字。成周即成王在位期间，周王室营造的东都洛邑，也就是历史上的"中国"之一。

其实"中国"这个词即便在西周也并非一个城市正式的名字，它只是洛邑的一种称谓。当时的"中国"其实是一个地理与人文的双重概念。我们可以拆分一下这两个字，分别来看一看。

《荀子·大略》中有一句名言："欲近四旁，莫如中央，故王者必居天下之中，礼也。"意思是想要去接近四周，还不如守在中央。因此天下的君王，一定会处在天下的中心位置，这便是一种礼制。那么，君王所处的中央在哪里呢？《史记·货殖列传》中记载："昔唐人都河东，殷人都河内，周人都河南。夫三河在天下之中，若鼎足，王者所更居也，建国各数百千岁"。意思是从前唐尧定都河东地区，殷商定都河内地区，东周定都河南地区。河东、河内和河南，在汉朝的时候并称三河。其实它们就是汉朝的三个郡：河东郡、河内郡和河南郡。河东和河内以太行山为分界，河内和河南以黄河为分界。这三河鼎足而立，是天下的中央，古代的王者因为在这些地方更迭建都，所以这些王朝享国数百年的有之，上千年的也有之。其实三河的概念比较接近我们今天说的中原。但是今天的中原主要指的就是河南省，而三河除了河南省，还包括山西省的一部分。三河的核心地区其实是伊洛河流域，也就是河洛平原。

河东公主丞印铜印，西汉

这是一枚鼻钮铜印，印面"河东公主丞印"白文六字，笔画略粗率。"河东"为郡名，治所在安邑，即今山西省运城市夏县。"丞"是辅佐公主的事务官员。

三河就是汉朝人口中的天下之中，君王所应该待的中央。我们仔细一看就会发现，三河也好，中央也罢，都是华夏民族从上古时期一直到西周的政治文化中心区。因此，所谓"中国"的"中"首先是一个地理的、空间的概念，是由传统习俗堪舆、早期的部落方国联盟以及朝贡制度三个因素共同促成的，代表上古时期到西周逐渐形成并且一直被恪守的崇尚中央、以中央为贵的政治观念。

我们再来看"中国"的"国"。西周时的"国"指的可不是国家，"国"这个概念是相对于"野"而存在的。西周有一种制度叫国野制，这是一种地方行政制度。都城及其近郊是最核心的区域，合称为"国"。都城以外就是田野，即农垦区了，这些地方叫"遂"。"遂"再往外叫"都鄙"。"遂"和"都鄙"就已经是都城的外围部分了，这两部分合在一起叫"野"。这就是最简单的国野制：都城核心的区域是"国"，辐射的区域是"野"。"国"和"野"相对存在。用现代的行政区划作一个不太恰当的类比，现在大城市的核心部分设区，区以外就是乡和镇，西周的"国"和"野"就有点像今天的区和乡镇。当然，西周的国野制不是为了设立行政区划，其主要目的是对居住在国和野的人进行差异化管理。总之，我们"中国"的"国"就来自国野制下的"国"。

今天我们说"中国"一词来源于何尊的铭文，认为它是东都洛邑的代称，但其实"中国"之所以能代指洛邑，只是因为当时的洛邑符合了"中国"的概念。但洛邑并非最早的"中国"。哪里是历史上第一个"中国"呢？

这就是《竹书纪年》所说的"太康居斟𬩎"。夏朝第三代夏后太康所营建的王城斟𬩎，其旧址极有可能是1959年开始，经历了半个多世纪的挖掘，逐渐重见天日的二里头遗址。它就是历史上第一个"中国"。那么，为什么说斟鄩是历史上第一个"中国"，这个问题就需要我们通过解读斟鄩的空间布局来解答了。

首先，汉朝人总结唐、虞、夏、商、周五朝之所以能够享国长久，是因为他们的都城全都建在三河之地，也就是天下的中央。为什么三河之地就是天下的中央呢？有人可能会认为汉朝人这么说纯粹是先知结果，再反推原因，而且非常妄自尊大，自以为是中央之国。事实是这样的吗？其实不是的。如果说元、明、清自称中央之国，那咱们听听就行了。但如果是夏、商、周自称中央之国，这可真不是玩笑。夏、商、周的确堪称中央之国，三河之地完全就是天下之中。这还要从新石器时代文化遗址分布说起。

迄今在中国境内发现的所有新石器时代文化遗址，比较典型的可以被划分为十二个大的文化类型。这十二个文化类型分别是仰韶文化、大汶口文化、青莲岗文化、屈家岭文化、大溪文化、红山文化、河姆渡文化、龙山文化、齐家文化、良渚文化以及两个综合性的文化类型，一个叫南方新石器文化，另一个叫北方草原地区新石器文化。

第六章 夏开国：走进三代

这是一件齐家文化玉琮，玉料为"糖包白"青玉，糖的部分颜色极深，盘红色泽温润。琮形内圆外方，制作整齐，射颈略长，射口内圆外不圆，惟一端射口切斜。外壁刻乾隆御制诗，诗云："蕴土华仍斐玉英，为秦为汉那分明。自非魏晋以后制，疑在木金之际呈。溟溟君应遇掘堙，中山颖乃得封城。拈毫砚北擒新句，望古犹余言外情。"

玉琮，齐家文化

玉璧，良渚文化晚期

玉刀，龙山文化晚期

整身陶人，红山文化

如果我们观察新石器时代文化遗址的分布就会发现，华夏

211

民族文化核心区所在的、以河洛平原为中心的三河之地，的确居于新石器时代文化遗址分布的中心。河洛地区早在新石器时代就是仰韶文化遗址和龙山文化遗址的聚集区，拥有高度发达的史前文明。河洛地区得天独厚的地理生态优势使得世居于此的氏族、部落更早地进入农耕社会。这就是我们之前所讲到的，从太昊伏羲氏至黄帝轩辕氏，华夏文明进入农耕社会的过程。

我们再来看当时所有文化类型的分布就会发现，河洛地区以黄河中下游和伊洛河流域为中心：沿黄河入海东接大汶口文化；上溯黄河向西有齐家文化；经伊阙通江汉可以南望京山屈家岭文化和巫山大溪文化；向北渡过黄河有仰韶文化和龙山文化。所以说，以河洛平原为中心的三河之地，不仅仅是某一板块的地理中心，也不是大陆或者次大陆的地理中心，实际上，它并不单纯是地理意义上的中心，更是以人类活动为坐标的文明版图上的中心。

我们知道，世界上没有任何一个伟大的文明是孤立存在的。因为文化是传播的文化，传播是文化的传播，任何文化实体彼此之间一定是相互成全的关系。中国古代史的前半程何以独步天下，后半程何以只能抱残守缺？所谓水满则溢，月满则亏，物反道之动，战胜所有老对手的终点一定是落后于新时代的起点。这是经过历史验证的规律。以河洛平原为中心的三河之地就处在这么一个十二种文化类型交汇的米字路口上，所以注定要成为东亚文化的中转站，甚至就算是他们自己不想跟别人交流，那也是不可能的。因此，在中国所有新石器时代文化遗址当中，我们会发现，河洛地区出土的带有异域特征的文物是最多的。1961年，河南省洛阳市洛宁县陈吴乡禄北村的仰韶文化遗址中就出土过一枚枣红拟枣贝，而这个贝壳产自距离它的出土地一千六百多千米以外的南海。这可是距今六七千年前，那时候，一枚南海的海贝被人从当地捞起来，不知道经过多少人的手，最终流入这里。我们要知道，它要经历非常多的部落才到这里，而这些部落各有各的生产生活方式，各有各的原始文化信仰，它们都通过这一枚海贝的中转和派送，参与了新石器时代接力式的跨文化交流。当然，这种交流的方式，可能是战争、婚姻、贸易、朝贡、赏赐……总之，这枚珍贵的海贝被华夏民族签收了，其实千千万万的海贝都被他们签收了。这就注定了以河洛平原为中心的三河之地在成为文化中转站的同时，一定会成为多元文化交流的前线。这种文明版图的中心想不异军突起，也难。

以上便是三河之地何以成为天下之中，这个"中"如何兼具了地理与文化的双重范畴的解释。其实这同时也回顾了华夏文化是如何兴起的，是河洛成就了华夏，还是华夏选择了河洛。但是，说来说去，说的其实都只是三河之地、天下之中，这是天然的一种地理上的利。但太康营建斟鄩，他谋求的一定不只是地理上的利，还有地缘上的礼。那么，河洛居天下之中，是如何从一种地理上的利，转变为地缘上的礼呢？

根据《史记·周本纪》，周公营建洛邑以后，曾经说过一句话。他说洛邑是天下的中心，从此以后，四方的诸侯入朝进贡，无论走哪一条路，路程都相等了。

> 成王在丰，使召公复营洛邑，如武王之意。周公复卜申视，卒营筑，居九鼎焉。曰："此天下之中，四方入贡道里均。"作召诰、洛诰。
>
> ——《史记·周本纪》

> 成王在丰邑，派召公再次营建洛邑，以完成武王的遗愿。周公再次卜问勘察，终于动工营建，将九鼎安放在城内。他说："这里是天下的中央，四方进贡，路程相等。"因而作《召诰》《洛诰》。

距离上的不偏不倚，是天子公正性的最好表现。而三河之地的这种特征，正好满足了分封制出现以来，居于主导地位的夏、商、周的君主的政治需求。当然，作为三代中最早实行分封制的王朝，夏朝当然也需要在这片土地上兴建王城来满足朝贡体系的运转。从自发的文化交流转向分封制的政治需求，这是地理的利向地缘的礼转化的一个方面。

那么,另外一方面是什么呢?国之大事,在祀与戎(语出《左传·成公十三年》,意思是国家的大事在于祭祀和战争)。夏、商、周依靠什么来实现分封制呢?当然是强大的战争机器。《诗经》中有一首《小雅·瞻彼洛矣》。

瞻彼洛矣,维水泱泱(yāng)。君子至止,福禄如茨。韎韐(mèi gé)有奭(shì),以作六师。瞻彼洛矣,维水泱泱。君子至止,鞞琫(bì běng)有珌(bì)。君子万年,保其家室。瞻彼洛矣,维水泱泱。君子至止,福禄既同。君子万年,保其家邦。

——《诗经·小雅·瞻彼洛矣》

瞻望奔流的洛水,水波浩浩茫茫。天子莅临这个地方,福禄积厚且长。皮蔽膝闪着赤色的光,天子忙于军前讲武。瞻望奔流的洛水,水波浩浩汤汤。天子莅临这个地方,刀鞘玉饰堂皇。天子福泽万岁长,保我家室,卫我边疆。瞻望奔流的洛水,水势浩浩波茫茫。天子莅临这个地方,福禄聚集。天子万寿无疆,保我家乡、邦国。

诗中描写的情景是周天子聚军于洛水之畔,征伐作乱的方国,从而向四夷显示"中国"军威,好令夷狄臣服于周朝,而这种情形显示了夏、商、周三代一种稳固的政治军事传统。我们说夏后启讨伐有扈氏，是聚兵于河洛，然后决战于甘水。大家都很熟悉的周幽王烽火戏诸侯的故事中，去哪里平叛？讨伐谁？诸侯们甚至都不知道。他们只是看到烽火，就从四面八方带着军队赶往王城，赶往"中国"集结，准备好再开赴战场。当然，诸侯到达"中国"，周幽王的目的就已经实现了，他是要在情场平叛，不是在战场平叛。

> 褒姒不好笑，幽王欲其笑万方，故不笑。幽王为烽燧大鼓，有寇至则举烽火。诸侯悉至，至而无寇，褒姒乃大笑。幽王说之，为数举烽火。其后不信，诸侯益亦不至。
>
> ——《史记·周本纪》
>
> 褒姒不爱笑，幽王为了让她笑，用了各种办法，褒姒仍然不笑。周幽王设置了烽火和大鼓，有敌人来侵犯就点燃烽火。周幽王为了让褒姒笑，点燃了烽火，诸侯见到烽火，全都赶来了，赶到之后，却不见有敌寇，褒姒看了果然哈哈大笑。幽王很高兴，因而又多次点燃烽火。后来诸侯们都不相信了，也就渐渐不来了。

总而言之，聚兵河洛，聚兵"中国"，再行平叛，这是三代常态下的军事习惯和制度。所以，河洛从地理上的中心转变为军事上的中心，这是地理的利转向地缘的礼的第二个方面。

夏、商、周三代，夏朝一开始就定都于三河之地。就像之前我们讲到的，夏朝与河洛本来就是共同成长的关系。而商朝作为方国的时候，封地在南亳，也就是今天的河南省商丘市，这也是商丘这个名称的由来。南亳这个位置勉强可以算在河东之地以内，但它又不在华夏民族的传统中心区里，这其实也是商朝兴起的一个重要的地缘因素，因为它楔入了华夏集团与东夷集团之间。但是，商王成为天下共主后，也把王城迁过来了。洛阳商城、郑州商城，都在三河之地的中部地带。而西周为什么早在武王时期就定下国策，要兴建洛邑呢？因为西周还不像商朝，商朝虽然以前也是小国，但是人家处于两大集团的夹缝中，规模虽小，但发展程度极高，格外富裕。所以商朝无论是不是天下共主，哪怕后来被西周取代，人家的文化自信始终都在。周朝可就不是了，它属于草根。武王伐纣以前，西周就制定国策，盼着要把国都搬到河洛来，可惜武王没等到这一天。他驾崩以后，周人刚站稳脚跟，周公便立马营建洛邑。为什么？因为夏朝定了一个标杆，即定都于河洛，这是地缘政治的基本礼制，无论是谁当国君，都不得不去因循了。再后来，随着定都河洛的王朝越来越多，是否能够定都河洛甚至成了后世王朝是否为正统的重要评判标准。

这就是地理的利转化成为地缘的礼。太康作斟鄩的第一层空间布局，即河洛居天下之中。那么问题来了，夏朝定都三河之地，可不是始于太康作斟鄩，也不是始于二里头遗址，第一代夏后禹和第二代夏后启的都城阳翟不也在三河之地吗？那不也是夏朝的王城吗？为什么我们要以第三代夏后太康营造的斟鄩为历史上的第一个"中国"呢？这个问题，我们要到斟鄩的第二层空间布局中找答案。这第二层空间布局叫作"斟鄩居河洛之中"。

在太康营建斟鄩以前，太康朝的堪舆家们走在伊洛河畔，望着一望无际的河洛平原，恐怕也有过困惑：河洛平原太大了，王城应该建在哪里呢？

跟随着他们的步伐，找到斟鄩的具体城址之前，我先提一个问题：中国哪些城市成为王朝都城的次数特别多呢？可能有人想到了西安，是十三朝古都；南京也不少，是九朝古都；北京是六朝古都。当然，定都最多的地方还是在河南省，我们一直说三河之地是天下之中嘛，定都三河是中国古代重要的政治传统。开封和南京一样也是九朝古都；安阳其实也很多，是十朝古都。当然，最多的肯定是洛阳，一共有十五个王朝曾定都洛阳，这比西安还要多两个。这十五个王朝的都城都在洛阳，我们应该怎么理解呢？是把它们理解为一个城市，还是十五个城市呢？其实都不是，这十五个王朝其实在今天洛阳市境内一共建造了五座城市,即五个都城,它们分别是夏朝营建的斟鄩;商朝营建的西亳;西周营建的,由西周、东周和战国时期的韩国依次定都的洛邑;东汉营建的,由东汉、曹魏、西晋和北魏依次定都的洛阳,也就是今天我们所说的汉魏洛阳城;还有隋朝、唐朝营建的,由隋朝、唐朝、后梁、后唐和后晋依次定都的洛阳,也就是今天我们所说的隋唐洛阳城。

那么翻开地图,历史上这五座不同时期的"洛阳城"都营造在什么地方呢?有一个非常有意思的现象,除了太康所建的斟鄩,后来的四座"洛阳城"全都位于洛河以北、邙山以南,坐落在洛河和邙山(秦岭余脉、崤山支脉,位于河南省洛阳市北、黄河南岸。邙山是洛阳的天然屏障,在堪舆学中,更是王城洛阳的"靠山")之间。唯独斟鄩是在洛河以南、伊河以北,等于是在洛河和伊河之间。这是为什么呢?《史记·周本纪》和《逸周书·度邑解》都曾说过,洛河和伊河的河道经常变更,而河道变更的地方就是夏朝人的居所。

> 自洛汭延于伊汭,居易无固,其有夏之居。
>
> ——《史记·周本纪》

果然,后来考古学家在二里头遗址的西南面发现了洛阳的古河道,也就是说,其实斟鄩与后面的四个"洛阳城"都一样,位于洛河以北、邙山以南。为什么历朝历代每次在河洛选址定都,都不谋而合地选在了同样的位置?这肯定不是历史的巧合,而是历史的选择。

说到历史上"洛阳城"的选址,其实风水学上有个词,我想大家都听说过,叫作"风水宝地"。背山面水、负阴抱阳,这就是风水宝地。我们看太康营建的这座斟鄩城的选址。斟鄩向南前临伊洛河口,也就是伊河和洛河的交界处,雄踞伊洛河至邙山地势不断抬升的高岗上,背后有高大的邙山,左右也有小山。这样的地理位置简直是太优越了。大家想,中国中东部地区是季风气候,每到春夏,东南季风带来自然降水的同时,因为被邙山挡住抬升,形成额外的地形雨。另外,邙山山区小河道纵横,水多河道也多,非常有利于农耕灌溉,所以斟鄩远郊非常适合发展农耕。而斟鄩城内地势南低北高,自然抬升,非常有利于排水。暴雨天城内也不会发生内涝,积水直接就排入洛河了。另外,城市因为建在地势高的台地上,所以就算洛河发洪水,也不会被淹,安全系数非常高。

到冬天,没有降雨了,西伯利亚高压形成的寒流又来了。这时候,北方高大的邙山又起作用了。由于城市在邙山南面,邙山的北坡正好把寒流挡下来了。因此,山南的斟鄩冬天暖,夏天凉,非常宜居。而且在农耕时代,这样的自然条件还格外有利于郊区农业的发展。

美国语言学家乔治·莱考夫和美国哲学家马克·约翰逊提出过一个观点：世界的系统化是由概念完成的，而人类产生的第一个概念是"空间方位"。人类的第一组空间概念是什么呢？是东、南、西、北吗？不是，东、南、西、北太高级了，原始人不懂。人类的第一组空间概念可能是上和下，也可能是左和右，因为上下、左右可以互为参照。空间中的任何两个事物都可以互相参照，产生上下、左右的关系。中华文化中这种互为参照的空间概念有特殊的一组，就是阴和阳。传统风水学讲"山南水北谓之阳"，"山北水南谓之阴"。山高耸，所以阳光能照射到山的南面，却无法照射到山的北面，因此山南为阳，而山北为阴。积土成山、风雨兴焉，有山则必有水。中国地势西高东低，水往往是从西向东流，注入太平洋，所以河流或流于山南，或流于山北，不同的山势与河流一定会形成不同的环境特征和生态系统。风水学中的"相城"，考察的就是这种山水间的阴阳关系。我们看中国绝大多数靠山或傍水的城市，其名称往往是"某阴"或"某阳"，比如江阴、淮阴、华阴，又比如洛阳、济阳、汉阳，等等。这样的城市名如今比比皆是，倘若回到古代，就更是数不胜数了。

汇总中国全部的堪舆智慧和风水理想，夏朝乃至后世的人走遍神州大地，会认为什么地方是最理想的人居空间？哪里是最完美的风水宝地呢？毫无疑问，从夏朝至隋唐，所有的堪舆家即使用脚投票，都会投给洛阳。洛阳的山水关系叫做临河而不忧涝，靠山而不忧旱，左右有翼，进退有据。而第一个发现此处并建设王城的王朝正是夏朝。那个时候尚且没有文字，我们看不到当年关于堪舆的理论，但是斟鄩城的相城、选址，就是夏朝堪舆学尖端理论的实践产物。自此以后，我们可以看到后代兴建的另外四座"洛阳城"，完全是复制了夏朝的斟鄩。虽然这五座"洛阳城"的城址不在一处，而是沿着洛河一字排开的，但它们都在用相同的堪舆理论去处理王城、邙山和伊洛河这三者之间的关系。而这个理论承袭太康作斟鄩，并且逐渐从一种生态美学、环境美学的直接性经验积累上升成了一种人文礼制和政治传统。这也使得王城的设计从一种实用的环境艺术变成了稳定的政治需求。这种设计思想与政治文化伴随着华夏文明的文化政治中心区走出河洛，走到更广阔的中国以后，也同样适用。甚至在中国最年轻的一座古都——北京——的相城选址上，我们仍然能找到斟鄩的影子。

这就是我所说的"太康作斟鄩"的第二层空间布局——斟鄩居河洛之中。这个"河洛之中"，不仅是河洛平原的地理中心，更是王城与邙山之间、王城与伊洛河水系之间的生态环境的中心。

下面，我们走进斟鄩，来看太康作斟鄩的第三层空间布局，同时也是最后、最内部的一层空间布局，叫作"宫城居斟郭之中"。之前我们跟随太康时代的堪舆家在天下九州之中找到了地理、文化双重概念下的"天下之中"——三河之地的河洛平原；又从河洛平原找到了生态环境的河洛之中，即负阴抱阳、背山面水的风水宝地——斟郭城的城址；现在我们就要走进斟郭这座王城内部，来找一找太康自己的居所——宫城——的位置，并且分析太康时期，华夏民族顶级堪舆家是如何处理宫城与城市其他功能分区的关系。

我们在开始还原公元前20世纪前后的斟郭城之前，先大体了解一下斟郭的规模。现存二里头遗址的范围，北到今天的洛河河滩，东到圪当头村，南到四角楼村，西到北许村，东西最长约2400米，南北最宽约1900米，现存面积约300万平方米。300万平方米是一个什么概念呢？相当于405个标准足球场。北京有一个社区叫天通苑，据说是亚洲最大的社区，占地面积48万平方米，因此斟郭相当于六个多天通苑社区，基本上就是今天一个中等县城的规模。可能有人会觉得这也没多大，就这县城的规模还叫王城呢？可千万别小看了这个规模，咱们今天的县城，那是城市化进程基本完成以后的城市，而古代的城市有这个规模是相当惊人的。还是类比一下，清朝乾隆年间的北京城规模有多大呢？大约60万平方米。何况斟郭这300万平方米是现存遗址面积，已经损坏而无从考察的部分也有不少。

既然城市规模空前，我们再来看看这座史前的超大型城市里面都有什么。斟鄩有五个功能区。它们分别是供夏后居住和中央政府办公用的宫城、祭祀区、手工业作坊区、贵族居住区和一般市民居住区。这五大功能区之间，有四通八达的城市道路相互连接。唯独权力中枢所在，即宫城，另有城墙。

宫城不用说了，建筑规模最大、质量最好，这里面大多是大型夯土建筑。这个区域的面积很大，而且位于整个城市的中央。所谓"宫城居斟鄩之中"，首先当然是指宫城是斟鄩的地理中心。不过除了地理中心这个最直观的表现以外，宫城居中还与城市道路和城市管理息息相关。

宫城的北面是祭祀区，这里除了有一些疑似供宗教祭祀使用的建筑遗迹以外，还有大量贵族墓葬，可见夏朝时的祖先崇拜现象是比较普遍的。祭祀不光祭神，也祭祖。另外，贵族墓葬在这个地方最集中，但除了祭祀区以外，宫城周边也有少量的贵族墓葬。贵族的埋葬地点，或许跟他们生前与夏后的亲疏有关系，就像商代最出名的妇好墓，其他人一般都是埋在殷墟的王陵遗址，唯独妇好墓建在宫殿遗址里面，这可能是因为武丁和妇好真的是伉俪情深吧。妇好先走了，武丁也希望她继续住家里。

妇好是殷商晚期商朝国力巅峰时期的君主武丁的妻子，也是中国古代著名的女将军。妇好墓位于安阳市殷墟宫殿宗庙区丙组基址西南，是迄今殷墟考古发现中唯一保存完整的商代王室成员墓葬。该墓南北长5.6米，东西宽4米，深7.5

妇好跪坐玉人，商代

米，墓室虽然不大，但保存完好，随葬品极为丰富，共出土青铜器、玉器、宝石器、象牙器等不同质地的文物1928件。

斟鄩城中的手工业作坊区也是一个非常重要的区域，它占地面积不小，位于宫城南边。夏朝的手工业很发达，无论是从出土文物上，还是从手工业作坊的规模上都能看出来。作坊区里最北面的是玉器加工作坊，中心区域是冶炼青铜的铸铜作坊，面积超过一万平方米。这可不是一家现代工厂，而是一家手工业作坊。现代工厂里面最占面积的是机器，因为现代工厂主要由机器生产，由人来控制机器。但手工作坊就不一样了，作坊里的设备能有多少？能占多大面积？作坊的灵魂主要是匠人，一万平方米的面积能让多少能工巧匠同时做工呢？可想而知，这规模确实极为庞大。

斟鄩城里的手工业分布其实非常有意思，在宫城南部的这个手工业区特别像今天政府专门规划并且大力扶持的高新技术产业园。所有入驻这个手工业区的"企业"只从事两种手工业产品的生产，一种是玉器，一种是青铜。

　　很明显，玉器不是石器，玉料只能用于生产高附加值的礼器。在石器时代，玉器基本是没有实用功能的。儒家批判春秋时期"礼崩乐坏"，让我们记住了这个词，并且几乎把它跟春秋战国画上了等号，仿佛只要说礼崩乐坏，指的一定是春秋战国时期，其实不然。"礼崩乐坏"在历史上是一个长期的过程，旧的礼乐逐渐崩坏，而新的礼乐持续建立。哪怕是三代，旧礼何尝不是崩坏着呢？

> 　　三年之丧，期已久矣。君子三年不为礼，礼必坏。三年不为乐，乐必崩。
>
> ——《论语·阳货》
>
> 　　为父母守丧三年，时间未免太长了。君子三年不举行礼仪，礼仪一定会败坏。三年不演奏音乐，音乐一定会崩坏。

　　就拿玉器来说，三代以前，玉器真的是单纯的礼器，被用来祭神、娱神。而三代以后，随着新兴贵族阶层的兴起，权力成为了人世间唯一的真神，所以贵族转而成了玉器消费的主力军。越来越多的上乘玉料不再被用于制造礼器,转而被制成了贵族的饰品,用于装点权力的"崇高"之美。玉器成了权贵的特供,被用来娱人了。

这是一件清宫旧藏的良渚文化玉璜。良渚文化玉璜大多体积小,在外缘上等距离浮雕兽龙纹,但这件玉璜不但体积厚大,且外缘浮雕了五组大眼面纹,内缘浮雕四组大眼面纹。上缘的五组纹饰未经后代修改,因年久磨蚀,

雕纹玉璜,良渚文化

纹饰已经非常轻浅。下缘浮雕四组面纹,可能曾被清代玉工按原纹饰加深过。乾隆皇帝专门命人配置了紫檀木座,并于乾隆十二年题诗。诗加刻在木座底部。诗云:"密山丹水澄方流,玉膏凝结毳采浮,天矫变化神螭修,昆吾巧匠穷雕锼,鬐风鬣雨鳞云稠,千年土花黝而幽,佩服是宜锵舜球,五夜文鼯凌空游,用显嘉瑞岁有秋。"

这件玉佩由青白玉制成，有赭斑，一端有黑斑。玉璜镂雕双龙、双凤，面各相向。其中，双凤中间钻有一小孔，可系绳佩戴。

双龙鸟纹玉佩，战国中晚期

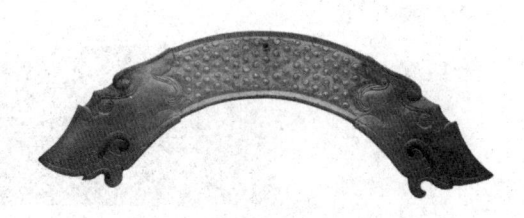

龙纹璜，战国

璜是出现时间最早、流行时间极长的一种玉器器形，与玉琮、玉璧、玉圭、玉璋、玉琥并称六瑞。

它自新石器时代开始流行，并沿用到两汉以后。新石器时代的早期玉璜，大多呈窄条形，形制各异，规范度较低。

三代以后，逐渐确立了半璧形的固定形制。《周礼·大宗伯》有云："以玄璜礼北方"。（用黑色的玉璜作为祭祀北方神的礼器）可在大多时候，璜作为贵族的饰品被随身佩戴。新石器时代晚期以来，各式玉璜两端的钻孔或镂空孔洞就是为了满足贵族系绳穿戴的需要而设计制作的。

第六章 夏开国：走进三代

和传统的玉器加工不同，青铜冶炼在夏朝绝对属于尖端科技。整个夏、商、周号称中国的青铜时代、青铜王朝。夏后氏大力扶持青铜冶炼业，因为这在当时绝对是朝阳产业。

松石

另外，在宫城，最南边的墙根处还发现了绿松石废料的灰坑。松石很漂亮，按理说，它应该跟玉石一样被制成礼器。但是，松石质地酥脆，用来雕琢大体积的器物容易碎裂，所以主要被用于加工饰品。石器时代的松石是很少的，但到了青铜时代，松石器物的出土量一下就多起来了。这主要是因为松石的矿床多半挨着铜矿，古人开采铜矿石的时候，往往发现旁边就有松石。因此，松石的开采在古代基本可以视作青铜开采业的附加产业，它们的下游产业也往往会被连带着一起发展起来。有青铜冶炼能力的城市，往往也会开设松石加工作坊。

但是，斟鄩城中的松石加工作坊不一般，它开在了宫墙里面。我们都知道，清朝皇宫有个造办处，凡是造办处做出来的器物，都是时代的翘楚，因为它一定会选用最顶尖的原材料，工艺也代表着当时最高超的水平。而且皇帝往往会参与器物的设计，所以它的设计水平即便不是当世最高的，也会因为皇帝参与设计而"上有所好，下必甚焉"。而斟鄩宫城里面的松石加工作坊，就是中国最早的造办处。夏后太康很可能也会亲自主持一些尖端的礼器和饰品的设计，监督工匠们生产。二里头遗址出土过一个著名的文物，叫嵌绿松石饕餮纹铜牌饰，现收藏于洛阳市博物馆，这个没准就是夏后太康亲自设计监制的。

二里头文化时期，青铜合金技术得到普及，因此出现了一批多块范合范浇筑的青铜礼器，工艺已相当复杂。

嵌绿松石饕餮纹铜牌饰，夏代

夏后氏大力扶持，甚至亲自落实的新兴产业，没有入驻宫城南边的手工业作坊区，而是直接进了宫城，成为御用手工作坊。那除此之外，当时的传统产业，比如陶器、骨器、石器的加工业发展得如何呢？

这些器物的生产加工作坊就相当于如今的小微企业，它们的技术、资金的准入门槛都很低，产业风口期也已经过去了。所以不光是华夏集团，当时的东亚，可能谁都能做。但是，这些器物偏偏又是老百姓日常生活的必需品，因此也不能没有。那么，夏后氏对这些"小微企业"持怎样的态度呢？

口头上大力支持，实际上也就是打打嘴炮吧。

这一点，我们从这些烧陶的土窑、石器加工作坊的分布和规模就能看出来。这些作坊分散在偌大的斟鄩城中，完全没有统一的规划。它们往往与居民住宅混杂，没有明确的界限。由此可见，这些"小微企业"基本属于家庭手工业。

除了宫城、祭祀区、作坊区，剩下的区域，也是整个城市中面积占比最大的区域，当然就是居民区了。居民区的格局也格外有趣，原来四千年前的中国城市就有富人区和平民区的划分了。斟鄩城中的高档住宅主要分布在斟鄩的中部、东部和东南部，越是靠近宫城，房屋就越高档。这些高档房子都是中小型夯土建筑，它们的主人是夏后氏的中小贵族们。普通老百姓全都住在斟鄩城的西部和北部。老百姓的房子就差多了，地面建筑自然是没有夯土的了，有些甚至还是半地穴建筑。而且老百姓的住宅周围还有些坟墓，这就跟现在日本的很多城市一样，推开窗户就能看见坟墓，活人和死人杂居。当然，埋在这些地方的人身份也不高贵，陪葬品就是点陶器，可见也都是普通老百姓。

夏代的平民居所

以上就是二里头遗址带给我们的斟鄩故事。我们通过这些遗存，大概能想象出公元前20世纪前后，这座东亚最恢弘的王城里人们的日常生活。

那么，这座城市的主人到底是谁呢？夏后太康当时是王城绝对的主人，但除了太康，王城里的贵族们、中央政府的官员们、手工业的从业者们，以及这些人的家属们同样是这座城市

第六章　夏开国：走进三代

的主人。说到这里，通过对二里头遗址的发掘，我们其实可以发现斟鄩这座王城的城市定位一目了然。我们可以称之为"斟鄩模式"，它是一种典型的文明业态，即"王城+手工业"的模式，使该城市成为地域性国家的政治、经济中心。其实，夏、商、周三代的很多大城市都在复制斟鄩模式。当然，斟鄩模式本身实践的也是夏后氏的国家发展战略。那么公元前20世纪前后，乃至三代之间，中国是不是只有这么一种"斟鄩模式"作为地域性国家的首都发展思路呢？还真不是。后面讲到商朝的时候，我们还会看到另外一种文明业态，那就是"王城+商业"的模式。这两种模式往后发展，就衍生今天我们所说的一个问题：究竟是去建设一个制造业强国，还是去打造一个金融帝国。从前我们总笼统地强调中国是大陆文明，是农耕文明；西方是海洋文明，是商业文明，这种说法太武断、片面了。我们中国的文化源流很多，特别是夏、商两朝，中国的文明业态是格外多元开放的。

这个话题暂时留下一个伏笔。我们继续来看斟鄩三层空间布局中的第三层。所谓"宫城居斟鄩之中"，这个"中"是否只意味着地理的中心呢？

在斟鄩城内有五大功能区，五大功能区是由建筑区分的。将这些区域连通在一起的是路，把它们分割开来的，也是路。斟鄩城中的路非常有特点，这些路横平竖直，以什么为标准

233

呢？以宫城的宫殿基址为标准，或者平行，或者垂直。斟鄩城中最宽的大路有四条，这四条路围着宫城城墙根转一圈，两两垂直相交。大路一般宽12~15米，最宽的地方有20米，什么概念呢？今天我们城市里的双向两车道，还比这些路窄一点点。要说起来，这些路对于斟鄩的城市规模来说，的确不算宽，唐朝长安的朱雀大街宽150多米呢，是它的七到八倍。其实这主要跟夏朝的交通方式有关，夏朝可能有马车，也可能有车，但不是马拉的。无论有没有车，围宫城一圈的大路肯定可以供车正常通行。但除了这一圈大路，城里其他路都是小路。小路四通八达，建筑之间都是小路。小路宽度普遍只有五六米，并不方便会车，所以据此我们也可以判断，夏朝的交通基本靠走。即便有车，普及率也非常低，恐怕很少有会车的情况。

銮，又称銮铃，包括铃、颈、座三个部分，是商周常见的车马器。这件銮的铃是椭球体，内有铜丸，面为三角镂空，周边饰镂空

銮铃，西周早期

宽带，侧向一面。颈是连接铃与座的支架，座是上大下小的方

第六章 夏开国：走进三代

形銎（qióng）座，中间有孔，方銎座饰以弦纹。

这件兽环尊的主体原本是一件西周的车軎（wèi）。軎身装饰以重环纹及变形蝉纹，軎上原本的两辖孔被春秋战国时期的兽首衔环铺首和爬兽填补。軎顶被作为尊底，三半环作为尊足。此外，清宫旧藏期间，还专配以紫檀木座，并

兽环尊，明代或清代（改制）

于座台处阴刻填金篆书"乾隆御赏"，座底楷书题名"周兽环尊"。本器由西周车軎和春秋战国时期的兽首衔环铺首拼装改制而成，属于明清时期流行的"屑凑铜器"。

軎是西周时期流行的一种车具，是古车上的零件，由青铜制成，形如圆筒，套在车轴的两端。《说文》云："軎，车轴头也。"

这四条城市内部最宽的路，把宫城围成了一个方格。这四条路转一圈，就相当于斟郭城的城市快速路，相当于城市的内环线。内环线以内是宫城的宫殿建筑群，这是国家兴建王城的目的所在，也是整个国家的政治中心，所以自然也是斟郭城市规划的绝对中心。而内环线以外，城市的所有功能区紧密环绕

235

在宫城四周，实现了外城拱卫宫城，王畿拱卫王城的关系。除了宫城外围的内环线大路之外，城市里其他功能区内部和各个功能区之间的路，都是和内环线垂直或者平行的小路。这些小路横平竖直，可以对宫城之外的整个城市实现"井"字型路网分割。其实这种城市路网和城市规划我们一点也不陌生，这是中国城市路网的一大特色。从斟鄩以后，中国历朝历代的首都采用的都是这种规划。城市正中央是宫殿，外围路网永远横平竖直，甚至这些城市不再是首都了，城市中心的宫殿也没有了，规划的路网也会延续相同的模式。今天的西安是这样，南京是这样，北京也仍然是这样。中国从古至今延续下来的城市规划其实有两种模式，一种是由军事要塞职能发展过来的八卦城模式，另一种就是咱们现在所说的斟鄩模式，或者说王城模式。后者是近四千年以来，华夏民族在平原造城的黄金模式。而它的起源就在夏墟二里头遗址，就在太康营造的斟鄩。

其实说起斟鄩模式，有一点是容易跟西方城市规划混淆的。还是拿北京举例，北京内城，即"四九城"，城墙以内的部分其实就是典型的斟鄩模式。但北京的外城，从二环路以外，又变成了"土洋结合"的产物。北京有二环、三环、四环、五环、六环，算上隶属于河北段的环线还有七环。用城市快速路把城市规划成同心圆，这是1949年后咱们从苏联学来的。但是，西方城市规划的同心圆是连着放射线的，他们是用放射线去连接同心圆。但在北京连接环线的路,是从内城垂直延伸出去的,这些路仍旧是井字格,所以北京的环路说是环,但不那么圆。这其实就是在北京既有的中国本土的王城模式的基础上,结合西方的放射线同心圆模式的产物。

斟鄩也好,因循了斟鄩模式的北京也罢,它们最初的定位都是一座全新王朝的王城,是国家的政治中心,而王城的中心一定是被拱卫的宫城。太康的宫城如是,明清的紫禁城也如是。又因为宫城一定是方形的,所以连带着整个城市的路网,以及被路网分割的功能区也都是方形的。那么斟鄩模式下的宫城和外城,虽然也是同心放射状,但就不是同心圆。

除了宫城这个城市级的绝对中心以外,在这座城市的其他分区当中,还有各自的区域级小中心。比如祭祀区里,祭坛就是中心,墓葬都围绕祭坛修建。而手工业作坊区中,前文提到的那个占地一万平方米的超大青铜冶炼作坊,就是中心。今天我们说金属冶炼,好像一个高炉就解决了,实际上怎么可能呢?制作青铜器起码要有陶范,陶范的制作与使用又需要制陶作坊,所以手工业作坊区基本就是由青铜冶炼业及其上游配套产业构成。在祭祀区和手工业作坊区中,也有一些小的居民点和普通墓葬。可以想见,这里面住的、埋的,肯定是爱岗敬业的普通神职人员和普通工匠。虽然这俩区域内的住房条件不太好,但交通便利,上下班走几步就到了。这些居民点和配套的

237

上游作坊又像其他四大功能区拱卫宫城一样，在拱卫着各自功能区内部的小中心。所以说，斟郡的城市中心是多级的，既有城市一级，甚至全国一级的中心，也有功能区一级的中心。这就跟今天的城市一样，市有市的中心，区有区的中心。

这是一件出土于河南省郑州市二里岗遗址的陶镞范，用来生产青铜箭镞。

陶镞范，商前期

这件陶范是用来生产青铜刀的。

陶刀范，商前期

当然，任何人的任何行为终究无法排除其所处时代的烙印，夏朝的人也不例外。斟郡城中的每一个层级之间的主从关系、拱卫关系，就王城的规划而言，不仅体现了先进的城市规划能力，更体现了夏朝森严的权力等级制度。城市规划作为一种环境艺术和环境文化，其最终的目的是服务于政治。

夏都斟郡作为迄今可考的中国最明确的、最早的一座王城，它的宫城与外城之间的结构关系与城市整体的环境设计既是"尚中正"环境美学与儒家政治传统在城市美学、城市空间内的延伸，又是以政治为首要区位因素的王城模式的规划实践。

在古代，我们说王城的规划原则叫做"择中立宫"，就是在城市中央建造宫殿。这种择中立宫的规制于斟郭首创，而且从此彻底确立下来。后面的洹北商城、安阳殷墟、郑州商城也都完整地继承了夏都斟郭的"择中立宫"规制。这不仅说明了后世对夏制的承袭，更表明"择中立宫"作为"尚中正"的生态美学、环境美学在人造空间里，已经成为一种稳定的政治传统和习惯，并且被后世王朝恪守。所有这些，就是斟郭城市规划的第三层空间布局——"宫城居斟郭之中"。

说到"择中立宫"，还有两句题外话要说。熟悉中国历史，或者读过《孟子》的朋友，应该听说过，孟子说三代时期，农村也曾实行一种具有斟郭模式和"择中立宫"规制的因素的农业生产制度。这种制度是把农田分成井字格，然后择中垦田。

> 方里而井，井九百亩。其中为公田，八家皆私百亩，同养公田。公事毕，然后敢治私事。
>
> ——《孟子·滕文公上》

丈量田地，每九百亩田地划一个井字格，中间的一百亩地是公田，周围一圈的八百亩地是私田。公田由大家共同来耕作。种完了公田，才能去耕种自家的私田。

239

这个制度就是井田制，孟子格外推崇它，古代的儒生也一口咬定，三代的老百姓之所以过得好，三代的政权之所以长治久安，都是因为井田制实行得好。但三代是不是真的实行过井田制，其实要打个问号。那复兴井田制到底行不行呢？后来的王莽试过一次，历史打出了一个大大的叹号，简直不要太吓人。

古人以"井"字格来划分农田，这是农耕生产的科学化管理方式。古人认为，井田制对生产权责的划分有章可循、公正透明，所以"井"字又具备了条理分明的字义。成语"井井有条"使用的就是"井"字的这层字义。

夏朝被认为是井田制萌芽的时代，而择中垦田的井田制和择中立宫的宫城制的确相映成趣。它们是"尚中正"的堪舆美学在不同地域、不同领域内的实践。只不过一个作为一种活态的历史遗产延续至今，而另一个则可能只是作为一种历史传说流传了数千年。

好了，营建斟鄩这个话题至此就算是正式告一段落了。这是目前为止所用篇幅最大的一个话题，但正如我在这个话题开篇时提到的，在各种史料里，对太康营建斟鄩一事的记载通常不过是三五个字。那为什么偏偏要用最大的篇幅去分析最短的记载呢？因为这段历史属于中国史前史。何为史前史？就是有文物，有传说，但缺乏文字自证物的历史时期。在这种情况下，我们研究史前史时应该更看重文物资料，看重考古资料，而相对轻视纯粹的口头传说。二里头遗址毫无疑问是中国考古史、中国古代建城史中划时代的一座遗址，它是中国进入青铜时代最清晰的一页。同时，它也是一座能够找到历史记载的王城，虽然关于它的文字量、信息量少得可怜，和沉睡在地下的文物体量丝毫不成正比，但是因为时间、地点相对清晰，所以文字与文物可以互相标记。当然更重要的是，通过二里头遗址，我们的确可以了解更多传说中的夏朝历史，了解中国伊始、万象更新的上古时代，了解华夏民族从何而来，了解"中国"观念的形成，了解纵贯整个中国古代史的"尚中正"的政治美学如何形成、如何影响中国文化、如何逐渐衍生超越王朝和民族概念的历史认同与文化认同。

图书在版编目（CIP）数据

写给青少年的中国上古史：神话时代与中华文明起源 / 刘滴川著. — 杭州：浙江人民出版社，2024.8
ISBN 978-7-213-11497-7

Ⅰ.①写… Ⅱ.①刘… Ⅲ.①中国历史－上古史－青少年读物 Ⅳ.①K210.9

中国国家版本馆CIP数据核字（2024）第109401号

写给青少年的中国上古史：神话时代与中华文明起源

XIEGEI QINGSHAONIAN DE ZHONGGUO SHANGGUSHI: SHENHUA SHIDAI YU ZHONGHUA WENMING QIYUAN

刘滴川 著

出版发行：	浙江人民出版社（杭州市环城北路177号 邮编 310006）
	市场部电话：（0571）85061682　85176516
责任编辑：	潘海林　魏 力
特约编辑：	孙汉果　杨钰霆　昝建宇
责任校对：	何培玉
责任印务：	幸天骄
封面设计：	琥珀视觉
电脑制版：	北京之江文化传媒有限公司
印　　刷：	杭州丰源印刷有限公司
开　　本：	880毫米×1230毫米 1/32　印　张：16.625
字　　数：	298千字　插　页：4
版　　次：	2024年8月第1版　印　次：2024年8月第1次印刷
书　　号：	ISBN 978-7-213-11497-7
定　　价：	116.00元（上、下册）

如发现印装质量问题，影响阅读，请与市场部联系调换。